Bienvenue aux Baléares

Phare du cap de Favaritx, Minorque.
SIME / Schmid Reinhard / Sime / Photononstop

Arriver aux îles Baléares

EN AVION

Voir le détail p. 130.

Depuis l'aéroport de Palma-Son Sant Joan, Majorque

Situé à 8 km au sud-est de Palma.
Bus – Ligne n° 1 pour le centre (3 €/Aller).
Taxi – Radio Taxi Ciutat – ✆ 971 201 212 ; Taxi Palma Radio – ✆ 971 401 001 (4 à 18 €).

Depuis l'Aéroport de Maó, Minorque

Situé à 4,5 km au sud-ouest.
Bus – Ligne n° 10 jusqu'à la gare routière de la ville (2,60 € Aller).
Radio Taxi Maó – ✆ 971 367 111 (3 à 17 €).

Depuis l'Aéroport d'Ibiza-Sant Jordi (Eivissa)

Situé à 7,5 km au sud-ouest.
Bus – Ligne n° 10 pour le centre d'Eivissa (4,30 €), n° 24 pour Santa Eulària, nos 8 ou 9 pour Sant Antoni.
Radio Taxi Ibiza – ✆ 971 398 483. Comptez 8 à 10 € entre l'aéroport et Eivissa.
Radio Taxi San Antoni – ✆ 971 343 764.

Formentera

Il n'y a pas d'aéroport à Formentera.
Radio Taxi Formentera – ✆ 971 322 342.

PAR BATEAU DEPUIS LE CONTINENT

Voir le détail p. 132.
Les compagnies **Balearia** ou **Trasmediterránea** assurent les traversées entre le continent et l'archipel.

Majorque

En partant de Barcelone, Denia ou Valence, vous rejoindrez Palma ou Alcudia. Comptez 5 à 8h (6 à 8 traversées/semaine selon les compagnies).

Minorque

On rejoint Ciutadella ou Maó depuis Barcelone ou Valence. La durée de la traversée varie entre 4 et 15h ! (1 à 12 traversées/semaine).

Ibiza

Barcelone, Denia ou Valence sont reliées à Eivissa ou Sant Antoni. Comptez 2 à 8h30 de traversée (3 à 7 traversées/semaine).

Formentera

Formentera est reliée à Denia en 2h30 (13 traversées/semaine).

Liaisons inter-îles

Elle est assurée par plusieurs compagnies locales.
Voir p. 131.

La route des moulins, près de l'aéroport de Son Sant Joan, Palma, Majorque.
B. Amengual / age fotostock

Les immanquables

notre sélection des plus beaux sites

Majorque, **Palma★★** et sa **cathédrale★★** (p. 22)

Majorque, la **Côte rocheuse★★★** (p. 38)

Majorque, **Coves del Drach★★★** (p. 56)

Ibiza, **Eivissa★★** (p. 80)

Majorque, **route de sa Calobra★★** (p. 46)

IBIZA

FORMENTERA

Minorque, **cap de Favàritx**★★ (p. 73)

Majorque, **monastère de Sant Salvador**★★ (p. 57)

Minorque, **Maó**★★ **(Mahón)** (p. 67)

Majorque, Vue sur la côte rocheuse depuis le **mirador de ses Animes**★★ (p. 41)

Majorque, **Coves d'Artà**★★★ (p. 53)

Nos coups de cœur

Répondre à l'appel irrésistible des calas majorquines. Que ce soit sur la Côte rocheuse ou sur la Côte est, loin de l'agitation des stations surpeuplées, les paysages sont sublimes et la mer est si bleue ! Comment résister à la tentation d'y piquer une tête ? *(p. 52 et p. 38).*

Flâner dans les ruelles de la cité fortifiée d'Alcúdia★ à Majorque, dans le calme des rues pavées bordées de nobles palais aux fenêtres ouvragées. *(p. 50).*

Photoshot / Pearce / hemis.fr

Cuitadella, Minorque.

Arpenter les rues des petites villes de l'intérieur des terres de Majorque : marcher sur les traces des amours tumultueuses de George Sand et de Frédéric Chopin à **Valldemossa**, tomber sous le charme de **Pollença** ou visiter les galeries d'art de la cité perchée de **Sineu**. *(p. 36, 41 et 48).*

Découvrir la Serra de Tramuntana autour du Puig des Galatzó sur (Majorque) et ses âpres paysages rocailleux... Et comme une récompense, la mer aperçue au loin en contre-bas depuis la place-belvédère du village de Galilea. *(p. 38, 40 et 46).*

Jouer au naturaliste amateur dans les allées du **Jardin botanique de Sóller★** à Majorque, avant de partir à la recherche des immeubles modernistes de la ville, puis de rallier le port d'un coup de tramway. *(p. 44).*

Entrer comme par effraction dans la maison de Robert Graves à Deià (Majorque) que l'écrivain semble toujours habiter et se donner l'illusion d'y respirer le parfum d'Ava Gardner. Peut-être est-elle dans le jardin ? *(p. 44).*

Tomber sous le charme un peu mélancolique de Ciutadella★, la capitale de Minorque, et de son

R. Soberka / hemis.fr

Plage de sa Caleta et ses falaises rouges, Ibiza.

quartier ancien parsemé de maisons seigneuriales témoignant de la gloire passée de la ville. *(p. 62).*

Se familiariser avec les civilisations originelles de Minorque en visitant par exemple la **Naveta des Tudons★★★** près de Ciutadella ou le **Talayot de Trepucó★** à proximité immédiate de Maó ou dans la région de Cala d'en Porter. *(p. 66, 69 et 72).*

Communier avec la mer en dégustant une caldereta de langoustes, si possible dans un restaurant donnant sur un port ou une petite cala. *(p. 73).*

Goûter le fromage Maó-Menorca à la source en assistant d'abord à son élaboration dans la finca **Hort Sant Patrici★** tout près de Ferreries. *(p. 77).*

Admirer l'architecture traditionnelle d'Ibiza dans le village perché de **Puig de Missa★** ou à **Sant Agusti des Vedrà**. *(p. 86 et 90).*

Se réfugier hors du monde à Formentera. La plus petite des îles, la moins fréquentée et la mieux préservée propose des plages idylliques aux eaux d'une transparences inouïe. *(p. 94).*

Et, pour les gourmands, déguster une ensaimada : l'indispensable spécialité majorquine !

Majorque en 3 jours

JOUR 1

▶ *Matin*
Vous consacrerez cette première journée à la capitale de l'île, **Palma★★** *(p. 22)*. Et vous commencerez par visiter la magnifique **Seu★★** (cathédrale), chef-d'œuvre du **gothique** méditerranéen, et son étonnante chapelle décorée par le peintre contemporain majorquin Miquel Barceló. Tout à côté, le **palais de l'Almudaina** et un peu plus loin **sa Llotja★**, bel exemple de gothique civil, sauront vous séduire.
Puis vous emprunterez le Passeig del Born, large rambla qui conduit au cœur de la ville.

▶ *Midi*
Posez-vous dans un petit restaurant autour de la plaça La Reina.

▶ *Après-midi*
Par la plaça Mercat, rejoignez la plaça Major, épicentre du **modernisme** à Palma. Après quoi, **shopping** dans les rues piétonnes du quartier ancien puis par la plaça Cort, rejoignez la plaça Santa Eulàlia : ce sera l'occasion d'apercevoir quelques superbes **patios majorquins**.

▶ *Soir*
Un bon restaurant pour goûter aux poissons locaux.

Chemins de traverse

*Si vous disposez d'un peu plus de temps, profitez-en pour sortir des sentiers battus : explorez la **Serra de Tramuntana**, par la route de Puigpunyent ; dévalez (avec prudence !) la vertigineuse **route de sa Calobra★★** ; n'hésitez pas à céder à l'appel de cette mer si bleue et si transparente en descendant vous baigner dans une **cala** ; ou bien explorez le centre de l'île et ses petites cités méconnues comme **Muro** ou **Sineu**, ancienne résidence des rois de Majorque.*

JOUR 2

▶ *Matin*
Départ par **Andratx**, agréable station à taille humaine, *(p. 38)* vers la **Côte rocheuse★★★**. En suivant la côte, vous admirerez les cultures en escalier plongeant vers la mer autour de **Banyalbufar** *(p. 41)*. Après quoi, **Valldemossa** mérite une halte, et pas seulement pour sa célèbre chartreuse. Ponctuée d'arrêts (vues superbes depuis les **miradors**, vestiges du monastère de **Miramar**, **son Marroig**... *p. 42*), la route vous conduira à **Sóller**... et à son sympathique port *(p. 45)*.

▶ *Midi*
Pour déjeuner, vous n'aurez que l'embarras du choix : selon l'heure et l'inspiration, Banyalbufar, Valldemossa, Deià et Sóller disposent de nombreux restaurants et cafés, propres à satisfaire petites ou grandes faims.

▶ ***Après-midi***
Cap au nord avec la découverte du charme serein de la cité de **Pollença** *(p. 48)*, d'une remarquable unité architecturale, avant un bain (de foule) à **Port de Pollença**, précédant un autre bain (de mer, celui-là) le long de la superbe **route du cap de Formentor★★** *(p. 49)* avec son impressionnant mirador dominant la « Costa Brava majorquine ». Après quoi, la ville fortifiée d'**Alcúdia★** *(p. 50)* avec ses nobles demeures saura sans nul doute vous retenir.

▶ ***Soir***
Pollença ou Alcúdia disposent de restaurants de qualité et d'hôtels de charme. Pour une soirée (un peu) plus agitée, choisissez Port de Pollença.

JOUR 3

▶ ***Matin***
Cap sur la **Côte est★★** *(p. 52)* en gagnant Artà : arrêt au **village talayotique de ses Païses**, mais surtout aux fascinantes concrétions des **Coves d'Artà★★★**… avant d'enchaîner sur les **Coves del Drach★★★** *(p. 56)*, fabuleux paysage souterrain au plafond hérissé d'aiguilles, le tout remarquablement mis en scène par l'éclairage et par un spectacle musical donné sur le lac Martel, de 12 m de profondeur.

▶ ***Midi***
L'agréable station de **Portocolom** *(p. 57)* sera le cadre de la dégustation d'un poisson, grillé ou à la plancha.

▶ ***Après-midi***
Retour vers Palma par la route de **Manacor** *(p. 58)* : malgré un sympathique petit musée, la ville ne mérite un arrêt que si vous souhaitez

H. Blume / age fotostock

Le port d'Alcúdia, Majorque.

vous procurer les fameuses perles de Majorque. Plus loin, la visite de la demeure seigneuriale d'**els Calderers de Sant Joan★★** à **Vilafranca de Bonany** *(p. 59)* est indispensable pour se faire une idée du raffinement de l'aristocratie insulaire. Et, de retour à Palma, vous aurez sans doute le temps de visiter, selon vos centres d'intérêt la **Fundació Pilar i Joan Miró** *(p. 36)*, le Musée d'art moderne **Es Baluard** *(p. 33)*, ou la **Fundació Joan March★** *(p. 32)* consacré aux artistes modernes et contemporains espagnols.

▶ ***Soir***
La dégustation d'un cocktail dans un lieu hors du commun (Ábaco) précédera (ou suivra) la dégustation de spécialités majorquines…

Ibiza et Formentera en 3 jours

JOUR 1 À IBIZA

Matin

Visite d'**Eivissa★★** *(p. 80)* et, en particulier de la **Ville haute★★ (Dalt Vila)** où l'on s'attardera devant la cathédrale, ne serait-ce que pour le panorama sur la ville et le port.

Midi

Déjeuner dans un des restaurants de Dalt Vila ou de la Marina.

Après-midi

Cap au nord avec arrêts à **Santa Eulària des Riu** *(p. 85)* et le village perché de **Puig de Missa★** *(p. 86)*, encyclopédie d'architecture traditionnelle. On passera ensuite à **Sant Carles de Peralta**, haut lieu de la culture « hippie », avant de partir à la découverte d'églises fortifiées (**Sant Vicent de sa Cala**, **Sant Joan de Labritja**, *p. 88*), puis de se baigner à la **Cala d'en Serra**, ou à a la **Cala s'Illot des Renclí**. Vous enfonçant alors dans les terres, ne manquez pas le village de **Sant Llorenç de Balàfia** entouré de vergers. Gagnez **Santa Agnès de Corona**, via **Sant Mateu d'Albarca** village posé dans le vignoble.

Soir

Dîner à Sant Mateu et nuit du côté de Santa Agnes.

Un peu plus de temps ?

*À Ibiza, les amateurs de nature peuvent partir à la découverte du **Parc naturel de ses Salines**, ou randonner dans le **parc naturel de Cala d'Hort** à partir d'es Cubells. Quant aux fans de disco et de techno, ils ne sauront où donner de la tête, deviendront des habitués du « **Discobus** » et se referont une santé en journée sur les plages... mais ils doivent prévoir deux ou trois jours de plus sur place.*

*Sur Formentera, vous privilégierez la baignade de plage en plage, et pourrez embarquer en été à la découverte de l'île d'**Espalmador** (p. 97).*

JOUR 2 À IBIZA

Matin

Après une baignade sur la plage de **Cala Salada** *(p. 90)*, départ vers **Sant Antoni de Portmany**, tout à fait à l'ouest de l'île, à la découverte de la vieille ville un peu dissimulée en raison du développement des infrastructures touristiques...

Midi

Profitez de la promenade de front de mer de Sant Antoni pour vous sustenter de quelques tapas.

Après-midi

Arrêt au village perché de **Sant Agustí des Vedrà** *(p. 92)* pour admirer son ensemble de maisons cubiques

Melba / age fotostock

Coucher de soleil sur la plage de Benirras, Ibiza.

aux murs chaulés d'une blancheur étincelante. Après quoi, place à la mer et à la baignade dans les calas de l'ouest de l'île, avec une préférence pour la **Cala d'Hort** *(p. 93)*, et passer dans le village d'**es Cubells**, posé en bordure de la falaise.

▶ ***Soir***

Arrêt pour dîner à **Sant Josep de sa Talaia** *(p. 92)*, avant le retour pour la nuit à **Eivissa★★** *(p. 80)*. L'occasion de jeter un œil au légendaire Pacha Club, temple des nuits disco d'Ibiza.

JOUR 3 À FORMENTERA

▶ ***Matin***

Le bateau vous déposera à **sa Savina** *(p. 94)* où vous pourrez louer voiture ou vélo. De là, vous gagnerez **Sant Francesc de Formentera** *(p. 94)*, la « capitale » de l'île, puis **es Caló**, ancien village de pêcheurs, posé au bout de la superbe **platja de Tramuntana**. Et qui dit plage...

▶ ***Midi***

Une grillade de poissons à **es Caló**.

▶ ***Après-midi***

Gagnez la pointe orientale de l'île par **es Pilar de la Mola** *(p. 96)*, son église géométrique et son moulin, puis le **phare de la Mola** où l'on honore « notre » Jules Verne. Puis revenez en arrière vers **es Pujols** *(p. 97)*.

▶ ***Soir***

Grand centre touristique de l'île, es Pujols ne manque ni d'hôtels ni de restaurants.

Majorque et Minorque en 6 jours

JOUR 1 À MAJORQUE

▶ ***Matin***
Arrivée à Palma et départ par la Côte rocheuse. Arrêts à **Banyalbufar** *(p. 41)*, **Valldemossa** (chartreuse) *(p. 41)*, **Deià** (maison de R. Graves, *p. 44*) et **Sóller** (jardin botanique, *p. 44*).

▶ ***Midi***
Déjeuner à Deià ou à port de Sóller.

▶ ***Après-midi***
Visite du centre ancien de **Pollença** *(p. 48)* et de la cité fortifiée d'**Alcúdia**★ *(p. 50)*.

▶ ***Soir***
Dîner sur le front de mer du Port de Pollença et nuit à Alcúdia.

JOUR 2 À MINORQUE

▶ ***Matin***
Embarquement à Port d'Alcúdia et arrivée à **Ciutadella**★ *(p. 62)*. Balade dans la vieille ville et visite de la cathédrale.

▶ ***Midi***
Déjeuner sur le port.

▶ ***Après-midi***
Prendre la route jusqu'à **Ferreries** *(p. 77)* et visite de l'**Hort Sant Patrici**★ où est produit le fameux fromage Maó-Menorca. Puis cap au nord vers le beau village d'**es Mercadal** *(p. 74)*, à la découverte de l'artisanat de l'île. Découvrez ensuite le **cap de Cavalleria** *(p. 74)*. Vous pouvez descendre par un escalier de bois sur la petite plage de la cala du même nom, et y prendre un bain de mer et/ ou de boue.

▶ ***Soir***
Dîner (caldereta de langouste au programme), balade nocturne et nuit au port de pêche de **Fornells** *(p. 73)*.

JOUR 3 À MINORQUE

▶ ***Matin***
Redescendre vers **Alaior** *(p. 76)*, capitale du célèbre *queso*. Les plus courageux seront partis à l'assaut du **monte Toro**★★ *(p. 76)* pour la **vue**★★. Il est temps de se lancer à la découverte de la civilisation talayotique : ce sera au village d'**En Galmès**★★ *(p. 76)*, d'où vous bénéficierez en outre d'un panorama fabuleux !

▶ ***Midi***
Un vrai déjeuner à **es Migjorn Gran** *(p. 77)* ou un simple *panamboli* dans un café d'Alaior.

▶ ***Après-midi***
Arrêt à **Talatí de Dalt**★ *(p. 72)*, sans doute le plus saisissant des villages préhistoriques de l'île. Puis arrivée à **Maó**★★ (**Mahón**, *p. 67*) et visite de cette ville, très marquée par l'occupation anglaise.

▶ *Soir*
Dîner le long du Moll de Levant.

JOUR 4 À MINORQUE

▶ *Matin*
Exploration des environs de Maó : le **cap de Favàritx★★** *(p. 73)* au nord, l'harmonieux village de **Sant Lluís** *(p. 70)* au sud. Profitez-en pour vous baigner sur la superbe plage de **Punta Prima** *(p. 72)*.

▶ *Midi*
Déjeuner dans un *chiringuito*.

▶ *Après-midi*
Retour vers **Ciutadella★** *(p. 62)*, d'où vous partirez à la découverte des calas accessibles seulement à pied.

▶ *Soir*
Dîner et nuit à **Ciutadella**.

JOUR 5 À MAJORQUE

▶ *Matin*
Vous revoici à Majorque. Depuis Port d'Alcúdia gagnez **Artà** *(p. 52)*, et plongez dans l'eau turquoise de la magnifique **Cala Ratjada** *(p. 53)*, avant de visiter les **Coves d'Artà★★★**.

▶ *Midi*
Déjeuner à **Porto Cristo** *(p. 54)*.

▶ *Après-midi*
Visite digestive des **Coves del Drach★★★** *(p. 56)*. Puis partez à la découverte des salins de l'île à **ses Salines** et **Salines d'es Trenc**. Prenez la route des moulins et faites un crochet par le **monestir de Cura★** *(p. 58)*.

▶ *Soir*
Arrivée à **Palma★★** *(p. 22)* et flânerie dans la vieille ville.

Trans-World Photos / Premium / age fotostock

Talatí de Dalt, Minorque.

JOUR 6 À MAJORQUE

▶ *Matin*
Visite du vieux Palma, avec la **cathédrale★★** *(p. 23)*, **sa Llotja★** *(p. 33)* et le palais de l'**Almudaina** *(p. 24)*, puis shopping autour de la plaça Major.

▶ *Midi*
Tapas au centre-ville.

▶ *Après-midi*
Découverte des patios, visite d'un ou deux musées et flânerie le long de la rade.

▶ *Soir*
Un bon dîner de spécialités insulaires...

Visiter les Baléares

Le port de Fornells, Minorque.
Ph. Body / hemis.fr

Les Baléares aujourd'hui

C'est au début des années 1960 que les îles Baléares ont connu leur premier véritable « boom » touristique. Depuis, il est passé beaucoup d'eau sous les ponts, mais ce succès ne se dément pas. L'archipel est encore aujourd'hui une destination touristique de première importance et voit chaque année débarquer un flux incessant de visiteurs de toutes les nationalités, pour la plupart en quête de soleil et de plage.
Même si l'on peut regretter l'urbanisation excessive de certains sites balnéaires (heureusement assez localisés), ces îles méditerranéennes ont su tirer parti, sans perdre leur âme ni renier leur identité, de leurs atouts, en misant sur un tourisme de qualité qui leur a permis de fidéliser leurs visiteurs. L'exemple le plus clair est l'engouement jamais démenti des Allemands qui se sont épris de ces lieux et en ont fait leur destination favorite – et même, dans certains cas, y ont fixé leur résidence.
Les **richesses naturelles** des îles Baléares, leur **offre culturelle** et les innombrables **activités de loisirs** qu'elles proposent sont telles que le « tourisme de masse » se voit flanqué d'un tourisme haut de gamme, voire élitiste, qui a apporté sa touche « glamour » et a renforcé le pouvoir d'attraction de l'archipel. De nombreuses personnalités de la vie publique internationale, qu'il s'agisse d'hommes politiques, de sportifs, de milliardaires, de stars du cinéma ou de « people » y passent régulièrement quelques jours lors de la saison estivale. Nombre d'entre eux occupent de luxueuses demeures, dans des sites d'une beauté exceptionnelle... Sans oublier, bien entendu, la famille royale espagnole qui, sous l'impulsion du roi Juan Carlos, grand amateur de voile devant l'éternel, a établi en 1966 sa résidence officielle d'été dans le palais de Marivent à Palma. Cela assurait aux îles une couverture médiatique quotidienne, notamment lorsque l'ancien roi participait à la régate de la Coupe du Roi, un des grands événements sportivo-mondains de l'été.
Que vous ayez une âme de midinette, ou que vous préfériez découvrir en VTT des routes escarpées, que vous soyez amateur de plongée ou que vous désiriez consacrer vos vacances à la découverte culturelle d'une civilisation qui a su conserver son authenticité, les Baléares ne peuvent que vous ravir !
Sur ces superbes îles, vous trouverez de magnifiques plages, de ravissantes calanques (les *calas*), des paysages d'une beauté étonnante, une histoire plus que bimillénaire, des traditions fortement enracinées, une gastronomie renommée...
Chacune des quatre îles possède sa personnalité propre.
C'est sur **Majorque**, la plus grande d'entre elles (et de loin), qu'est établie Palma, la capitale, et que la plupart des organismes gouvernementaux de la Communauté autonome

ont leur siège. Le relief majorquin est dominé par l'agreste Serra de Tramuntana, inscrite au patrimoine mondial de l'humanité de l'Unesco depuis juin 2011. En dehors de Palma de Mallorca, deux autres cités se détachent par leur nombre d'habitants, Calvià et Manacor. Cette dernière est connue au niveau mondial pour être la ville natale du tennisman Rafael Nadal, et à un niveau plus local pour être la « capitale du meuble »... mais aussi des fameuses perles de Majorque. En dehors de l'élégante Palma, son orgueilleuse cathédrale et ses demeures modernistes, il convient de citer quelques belles villes à visiter : Alcúdia, Sóller, Pollença, Valldemossa... Parmi les lieux qui méritent un détour, on trouve aussi les cités côtières – qui demeurent avant tout des ports de pêche, les *calas* insoupçonnées qui se nichent sur la spectaculaire Côte rocheuse, les grottes de la Côte est riches en concrétions... Et pourquoi ne pas faire un voyage romantique à bord du train touristique de Sóller, qui traverse vaillamment depuis 1912 les cultures maraîchères et les orangeraies de la Serra de Alàbia.

Minorque est le territoire le plus oriental de l'Espagne, ce qui lui a valu d'être pendant des années une zone militarisée. Cette situation a permis à l'île d'échapper au boom touristique, et donc de préserver son littoral. Le grand succès de l'île est d'être parvenue à se développer touristiquement tout en préservant son écosystème terrestre et maritime. Minorque s'est vue déclarée en 1993 Réserve de biosphère.

Que dire d'**Ibiza** ? Classée par l'Unesco dès 1999 sous le label « biodiversité et culture », l'île est devenue l'un des symboles mondiaux de la vie nocturne et festive. Ici la musique disco, puis techno, a trouvé sa capitale, et Ibiza reçoit environ 65 % des visiteurs des Baléares. Parler d'Ibiza, c'est évoquer la philosophie hippie, la mode Adlib, les magnifiques calanques, les fantastiques couchers de soleil, les plages où les nudistes sont rois, les discothèques où l'on danse jusqu'au petit matin... et les « stars » de tout calibre qui viennent s'y faire voir, en espérant tomber sur un paparazzi.

Pour d'aucuns, **Formentera** serait le dernier paradis de la Méditerranée. Il est vrai que celui qui cherche un lieu tranquille est assuré de trouver son bonheur sur ces immenses plages bordées d'eaux cristallines, grâce aux herbiers de posidonies qui lui ont valu d'être inscrite au patrimoine de l'humanité en 1999.

Quant à **Cabrera**, c'est un archipel devenu Parc national maritime et terrestre. Prolongation de la Serra de Levante de Majorque, le lieu abrite d'importantes colonies d'oiseaux maritimes, et des fonds marins d'une richesse inouïe.

Cet archipel n'a pas fini de vous surprendre par ses multiples facettes...!

A B

1

2

LES ÎLES BALÉARES
0 20 km
MALLORCA ★★★ Vaut le voyage
Menorca ★★ Mérite un détour
Ibiza ★ Intéressant
Formentera À voir
N
CÔTE ROCHEUSE
Port de Sóller
Valldemossa
Inca
SERRA DE TRAMUNTANA
Ma 10
Ma 11
Ma 13
Ma 15
Ma 1
Ma 19
Parque natural de sa Dragonera
Andratx
Palma
MALLORCA
Portinatx
Sant Antoni de Portmany
C 733
C 731
Santa Eulària des Riu
Eivissa
Ibiza
Parque natural de ses Salines
sa Savina
es Pujols
Formentera
Far de la Mola
Cap de Barbaria

A B

C
D
MIRADOR DES COLOMERS
Cap de Formentor
Pollença
Alcúdia
Parque Natural de s'Albufera
Cala Ratjada
Artà
ARTÀ
ES PLA
Sineu
Ma 12
Ma 3340
Ma 4040
Ma 15
Manacor
Porto Cristo
DRACH
SERRA DE LLEVANT
Ma 19
Ma 14
Santanyí
Côte Est
Parque Natural de Mondragó
MAR MEDITERRÁNEO
Parque nacional Marítimo-Terrestre dels Archipiélago de Cabrera
Fornells
Cap de Favàritx
Ciutadella
Ferreries
Me 1
Me 7
Maó
Menorca
1
2

Île de Majorque★★★

(Isla de Mallorca)

Île principale des Baléares, Majorque déroule un littoral splendide, baigné par des eaux cristallines aux reflets émeraude. Abrupte et découpée dans le nord et l'ouest, ourlée de jolies criques, la côte se fait plus harmonieuse et plus plate dans le sud, bordée de longues plages. L'île recèle également de charmants villages à l'intérieur des terres et une capitale seigneuriale chargée d'histoire. Ajoutez la douceur du climat, et vous comprendrez que Majorque se classe au premier rang des sites touristiques européens. Entre mai et septembre, il vous faudra donc compter avec la foule des visiteurs pour découvrir cet endroit de rêve.

▶**Accès :** L'île de Majorque est la plus grande de l'archipel : 3640 km^2.

Plan des îles p. 18 BC2. Plan détachable Mallorca dans la couverture.

▶**Conseil :** L'île peut être parcourue en trois jours. La ville de Palma mérite au moins une journée de visite. Ne manquez pas les vues sur la Méditerranée du haut de la Côte rocheuse. **Palma** – *Pl. de la Reina, 2 - Palma - 971 173 990 - www.illesbalears.es - tlj sf dim. 9h-20h, sam. 9h-14h.*

ÉCONOMIE

Le tourisme est l'atout majeur pour l'économie de l'île. Les industries de la chaussure et des perles artificielles de Manacor trouvent des débouchés importants à l'étranger. La production agricole de fruits frais et secs (figues, abricots) alimente des conserveries, tandis que les amandes sont en grande partie exportées.

UN ROYAUME ÉPHÉMÈRE (1262-1349)

Le 5 septembre 1229, Jaume Ier d'Aragon embarque à Salou pour reprendre Majorque aux musulmans. La bataille décisive a lieu le 31 décembre dans la baie de Palma. À sa mort, en 1262, le roi lègue le royaume de Majorque à son fils **Jaume II**, qui établit sa capitale à Perpignan. Durant son règne et celui de son successeur **Sanche Ier** (Sanç), Majorque prospère, des villes et des bastides s'y élèvent, et les campagnes se peuplent d'immigrants catalans. En 1343, Pierre IV d'Aragon (le Cérémonieux) fait main basse sur les îles et les annexe à son royaume. Le prince héritier légitime, **Jaume III**, doit vendre Montpellier au roi de France pour payer son armée, mais il est défait et tué à la bataille de Llucmajor (1349). L'annexion au royaume d'Aragon ne perturbera en rien la vie des Majorquins, qui connaîtront alors leur plus belle période de prospérité.

Cala Tuent, Majorque.

Palma★★

Le voyageur qui atteint Palma par bateau découvre la ville étalée au fond de sa large baie. Une fière cathédrale veille sur la cité riche d'un glorieux passé maritime dont témoignent de nombreux bâtiments anciens. De part et d'autre du centre historique et le long du front de mer s'étalent les quartiers résidentiels et leurs nombreux hôtels. L'avinguda Gabriel Roca, plantée de palmiers, dessert les installations portuaires. Face au passeig Sagrera, l'ancien port, où se trouve un important centre nautique, accueille les ferries des lignes régulières et les bateaux de commerce. À l'extrémité sud de El Terreno, une digue permet l'accostage des grands paquebots.

▶**Accès :** Palma est située au sud-ouest de l'île. Le centre historique s'étire en surplomb de la mer.

Plan II p. 26 et plan I p. 30. Plan détachable Mallorca B2.

▶**Conseil :** Comptez une journée, deux si vous allez jusqu'au Nouveau Village espagnol, au Castell de Bellver et à la fondation Miró. Parcourez les rues étroites du vieux Palma et faites une balade nocturne, la cathédrale éclairée est de toute beauté.

OFFICES DE TOURISME

www.palmademallorca.es.
Bureau principal – *Pg del Born, 27 - ✆ 902 102 365 - 9h-20h.*
Bureau des gares – *Parc de les Estacions, pl. d'Espanya - ✆ 902 102 365 - 9h-20h.*
Bureau de l'aéroport – *✆ 971 789 556 - 8h-20h, dim. et j. fériés 8h-14h.*
Visites guidées – Visites thématiques en espagnol, anglais et allemand *(6/7 €). ✆ 971 720 720. Départ plaza de la Reina. Programme et réservation à l'office de tourisme régional.*

LA BAIE DE PALMA

Abritée des vents du nord et de l'ouest par la chaîne du Puig Major, la baie de Palma jouit en toute saison d'un climat doux. Sur plus de 20 km de bord de mer, les hôtels se succèdent. À l'ouest, ils se dispersent dans les échancrures de la côte de Bendinat, assez parcimonieuse en sable, hors les plages de **Palmanova** et **Magaluf**. Plusieurs ports de pêche se sont ainsi transformés en stations balnéaires très courues. À l'est, où la côte est rectiligne, mais moins abritée, les stations **Can Pastilla**, **ses Meravelles** et **s'Arenal**, groupées sous l'appellation de « plages de Palma », se succèdent le long d'une longue plage de sable fin.

PASSEIG DEL BORN

G2-3 Il constitue le cœur de la vie citadine. Souvent appelée **El Born**, cette vaste *rambla* occupe l'ancien

Palma aujourd'hui
Palma regroupe une grande partie de la population de Majorque. Son aéroport enregistre en outre le plus fort mouvement de passagers sur tout le territoire espagnol, notamment entre les mois de mai et de septembre. Marquée par le tourisme, Palma parvient pourtant à conserver un visage humain, authentique, pour peu que l'on prenne le temps de s'éloigner des sites touristiques. Voici donc une ville dynamique, animée en toute saison, qui n'a rien à envier aux autres agglomérations espagnoles.

lit de la Riera, détournée hors des murailles au 16e s. en raison de ses crues dévastatrices. Le commerce de luxe (perles, verrerie, cuir, vêtements) et d'artisanat local (fer forgé, objets en filigrane, broderie) se groupe dans la ville ancienne à l'est du Born, dans les rues piétonnes autour de la plaça Major et dans l'avinguda Jaume III. L'animation touristique, elle, se concentre à l'ouest du Born, près de la plaça de la Reina. Les restaurants et hôtels y abondent et les touristes se pressent dans ces petites rues. Ils sont nombreux également dans le quartier de **El Terreno** – surtout autour de la plaça Gomila –, à l'ouest de la ville, et dans le quartier de **Cala Major**.

CATHÉDRALE★★

(La Seu)
G3 *Pl. de la Almoina - ✆ 902 022 445/446 - www.catedraldemallorca.info - ♿ - avr.-mai et oct. : lun.-vend. 10h-17h15, sam. 10h-14h15 ; juin-sept. : lun.-vend. 10h-18h15, sam. 10h-14h15 ; nov.-mars : lun.-vend. 10h-15h15, sam. 10h-14h15 - fermé dim., 1er janv., Vend. saint, 1er Mai, 15 août, 1er nov., 6, 8 et 25 déc. - 6 € (-10 ans gratuit).*
Elle domine le front de mer de son élégante et originale silhouette scandée par les lignes verticales des contreforts surmontés de pinacles. Le calcaire de Santanyi, utilisé pour sa construction, frappe par ses coloris qui varient selon les heures : ocre, doré, rosé. Cette cathédrale, dont l'édification commença au début du 14e s. sur l'emplacement de l'ancienne mosquée, est une des plus importantes réalisations du gothique final.
La façade principale, à l'ouest, a été reconstruite au 19e s., à la suite d'un séisme, dans le style néogothique, mais a conservé son portail Renaissance du 16e s. Au sud, le **portail du Mirador**, abrité sous un porche face à la mer, montre une fine décoration gothique du 15e s. : sur le tympan, représentation de la Cène ; de part et d'autre de la porte, les statues de saint Pierre et saint Paul témoignent que **Guillem Sagrera**, l'architecte de la Llotja, était aussi un sculpteur de talent. La statue de la Vierge à l'enfant, au centre, est une copie dont l'original se trouve au musée du Trésor.
Revu et dégagé d'apports baroques par le grand Gaudí en 1904, l'**intérieur** surprend par ses dimensions et sa clarté. La rosace, d'un diamètre de 11,3 m, n'y est sans doute pas étrangère. La nef, longue de 121 m, large de 55 m et haute de 44 m

sous la voûte centrale, est séparée des collatéraux par 14 grands piliers octogonaux d'une sveltesse exceptionnelle. Le dépouillement de la décoration accentue l'effet de légèreté et d'espace. La chapelle royale, aux proportions d'une église, est ornée de stalles Renaissance. Dans la chapelle de la Trinité, tombeaux des rois de Majorque Jaume II et Jaume III.

La **chapelle du Saint-Sacrement★**, à droite du maître-autel, a été remodelée et décorée par le peintre majorquin **Miquel Barceló** (né en 1957), un des plus grands maîtres contemporains, qui a puisé son inspiration dans la parabole de la multiplication des pains et des poissons. Sur les murs, couverts d'argile, l'artiste a peint et sculpté des fonds marins, dans les tons ocre, gris et bleutés; il a également réalisé les cinq vitraux.

Musée du Trésor – Dans la salle capitulaire gothique, on admire le retable de sainte Eulalie, œuvre du maître des Privilèges (1335). Dans la salle capitulaire baroque, de forme elliptique, sont conservées de nombreuses reliques, dont le reliquaire de la vraie croix, décoré de pierres précieuses, et deux candélabres baroques, en argent repoussé, de Joan Matons.

PALAU REIAL DE LA ALMUDAINA

(Palais royal de l'Almudaina)

G3 *Palau Reial - ✆ 971 214 314 - www.patrimonionacional.es/reales sitios - avr.-sept. : mar.-dim. 10h-20h; oct.-mars : mar.-dim. 10h-18h - fermé lun., 1er et 20 janv., 9 avr., 1er Mai, 25 déc. - 7 € (5-16 ans 4 €); audioguide 4 €.*

Cette ancienne forteresse du Wali (gouverneur arabe) au 10e s. a été remaniée aux 14e et 15e s. par les rois de Majorque pour en faire leur palais. À l'intérieur, plusieurs salles ont été restaurées et élégamment meublées (tapisseries flamandes, tableaux...) pour recevoir la famille royale espagnole, dont c'est l'une des résidences officielles.

Dans la cour, on admirera les auvents sculptés et le portail de la chapelle Ste-Anne, l'un des rares exemples de l'art roman aux Baléares. À l'intérieur, retable du 15e s.

Remonter la carrer del Palau Reial.

À droite, la carrer Estudi General Lul-lià abrite, au no 15, la **Can Llorenç Villalonga**, du nom d'un écrivain majorquin (1897-1980).

Quelques mètres plus loin, dans la carrer Sant Roc, vous pourrez trouver des documents explicatifs sur les palais de Palma *(uniquement durant l'été)*.

PALAU MARCH MUSEU - FUNDACIÓ BARTOLOMÉ MARCH

G3 *Palau Reial, 18 - ✆ 971 711 122 - www.fundacionbmarch.es - avr.-oct. : lun.-vend. 10h-18h30; nov.-mars : lun.-vend. 10h-14h - 4,50 € (-12 ans gratuit).*

Le musée du palais Bartolomé March – à ne pas confondre avec la fondation Joan March *(voir p. 32)* – abrite une collection de sculptures contemporaines rassemblées par ce mécène majorquin (1917-1998). Dans la cour du palais sont exposées des sculptures de Rodin, Henry

La cathédrale de Palma.

SE RESTAURER
- Asador Tierra Aranda 15
- Bar Bosch 1
- Bar del Peix 51
- Botiga Cafè Es Pes de Sa Palla. 2
- Es Baluard 18
- Forn de Sant Joan 14
- La Bodeguilla 16
- La Parada de los Monstruos 10
- Tast Avenidas 54
- Wineing 3

PRENDRE UN VERRE
- Bar del Parc de la Mar 3
- Gibson 1

SORTIR
- Ábaco 1
- Agua Bar 5
- Vamp café concert 3

SHOPPING
- Horno Santo Cristo 7
- Marché des Artisans 1
- Mercat de l'Olivar 3
- Mercat Santa Catalina 5
- Típika 13
- Un Mundo de Hamacas 10

SE LOGER
- Ca Sa Padrina 6
- Hostal Ritzi 2
- Hotel Born 5
- Palau Sa Font 19
- Santa Clara Urban Hotel & Spa. 12
- Tres 20
- UR Misión de San Miguel 13

G
H
1
2
3
Cerda
Av. Alemanya
Baro de Pinopar
Via
Cecili
Metel
St Miquel
Av. Joan March
SÓLLER
INCA
Estada
Eusebi
Fontsanta
Miquel
de la
Marquès
Pl. Bisbe Berenguer de Palou
Bisbe
Campins
Roma
Sang
Rbla
Oms
Pl. Espanya
Av. Marquès
Convent dels Caputxins
Carme
dels
Palma de Mallorca
Ducs de
Horts
Missió
Pl. Olivar
Enric Alzamora
Alexandre
Rosselló
Aragó
Convent de Sta Magdalena
J. Tous i Ferrer
Concepció
St Jaume
MUSEU D'ART ESPANYOL CONTEMPORANI
Pl. st Antoni
Manacor
Pl. Rei Joan Carles I
Pl. Mercat
Riera
Pl. Major
Sindicat
Unió
Gibson
Pl. Weyler
Can Berga
Pl. Marquès del Palmer
Palau Solleric
Can Casayas
Bosseria
Pl. Mercadal
Ferreria
Trav. Ballester
Av.
Carrer Paraires
Jaume II
Colom
Pas. del Born
Constitució
Can Savellà
Pl. J.-M. Quadrado
Gen. Ricardo Ortega
J
G
Palau March Museu
Pl. Cort
Can Vivot
Sta Eulàlia
Cadena
D
H
PARLAMENT
Pl. Reina
Palau Reial
Pl. St Francesc
ST FRANCESC
Jeroni
Pou
Gabriel
Alomar
Pl. Almoina
Convent de St Francesc
CASA DE CULTURA
Av. Antoni Maura
L'Almudaina
LA SEU
Jardí del Bisbe
Morey
Sol
Ramón Llull
Sta Clara
Cal Marquès del Palmer
Monti-Sion
St Pere Nolasc
MUSEU DE MALLORCA
Miramar
Portella
Serra
St Alonso
Antoni Planas i Franch
Pl. Porta d'es Camp
Pérez Galdós
Museu diocesà
Can Serra
Banys àrabs
PARC
DE LA
MAR
Joan Maragall
Calatrava
Villalonga
AUTOVIA
DE
LLEVANT
BADIA DE PALMA
51
54
13
6
16
5
15
1
7
10
2
12
3

Moore, Chillida, etc. Au rez-de-chaussée, plusieurs scènes d'une crèche napolitaine du 18e s. (près de 2000 figurines).
Au 1er étage, remarquez les peintures murales signées Josep M. Sert (1874-1945). *Des concerts de musique classique (gratuits) sont organisés une ou deux fois par mois dans l'auditorium.*

PLAÇA DE CORT

G3 La place est dominée par l'**hôtel de ville** *(Ajuntament)*, dont la façade du 17e s. est protégée par un auvent en bois sculpté. Sur la place, un olivier, imposant par sa taille et son tronc emmêlé, attire le regard.
Au coin de la rue Jaume II, la **Can Corbella** a été conçue par Nicolás Literas dans un style prémoderniste mêlé d'influence néomudéjare.

PLAÇA DE SANTA EULÀLIA

H3 Au n° 1 de la place se trouve la **Can Amorós**, une maison seigneuriale. Dans la carrer Savellà, à droite derrière l'église, admirez, au n° 23, la Can Ribes de Pina (17e s.), au n° 15, la Can Catlar del Llorer (13e s.) et, au n° 4, la **Can Vivot** et son beau patio décoré de colonnes de marbre (18e s.). L'**église Santa Eulàlia**, construite entre le 13e et le 15e s., est ornée de nombreux vitraux. On notera l'élévation de la nef centrale, d'un gothique très dépouillé. Dans la première chapelle à droite, retable du 15e s.
La carrer d'en Morey, qui part de la place, possède également de belles demeures : au n° 5, la **Can Ordines d'Almadrà**, exemple intéressant de gothique tardif, et, au n° 9, la **Can Oleza**. À droite, dans la carrer de l'Almudaina, se trouve une porte de la muraille de l'époque romaine tardive et, dans la carrer de Zanglada, la Can Marqués, maison seigneuriale largement rénovée au 18e s.

BASILIQUE ET CLOÎTRE DE SANT FRANCESC

H3 *Pl. Sant Francesc.*
Édifiée aux 14e et 15e s., la basilique présente un mélange des styles gothique et Renaissance. Sa façade, reconstruite à la fin du 17e s., est ornée d'une immense rosace plateresque et d'un portail baroque dont le magnifique tympan est l'œuvre de **Francisco Herrera**.
L'intérieur est composé d'une vaste nef unique. Dans la première abside de gauche se trouve le tombeau de **Ramon Llull**, surmonté de son gisant reposant sur une frise d'animaux fantastiques que supportent sept niches gothiques.
Le **cloître★** *(1,50 €)* frappe par son élégance *(entrée par le collège situé à droite de l'édifice)*. Commencé en 1286, il a été terminé au 14e s. À l'exception d'une galerie aux baies tréflées, les arcades sont minutieusement découpées en plusieurs lobes et reposent sur des faisceaux de fragiles colonnettes. En variant l'épaisseur des piliers et le dessin des chapiteaux, l'architecte a créé une œuvre originale. Un plafond peint couvre les galeries.

J. A. Moreno / age fotostock

Palma, les bains arabes.

CAL MARQUÈS DEL PALMER

H3 *Dans la carrer del Sol à gauche.* C'est l'une des demeures seigneuriales les plus remarquables de Palma. Édifiée en 1556, elle est habillée d'une imposante façade en pierre de taille noircie par les ans. À l'étage, la décoration Renaissance des fenêtres atténue l'austérité du mur gothique. La galerie haute, qu'abrite le classique auvent, est la réplique de celle de la Llotja.
En continuant la rue, vous passez devant la **Cal Comte de la Cova** (n° 3), dont le patio gothique comporte un bel escalier en pierre.
Dans la **carrer de la Portella**, le **museu de Mallorca**, au n° 5 (*✆ 971 177 838 - lun.-vend. 11h-18h, dim. 11h-14h, gratuit)* présente une collection de primitifs majorquins, ainsi que des œuvres baroques et modernistes (Gaudí, notamment).
La rue compte d'autres nobles demeures : Can Pasqual (n° 4), Can Espanya Serra (n° 8), Can Morey-Sant Martí (n° 9) et Cal Marquès de la Torre (n° 14), construite à la fin du 17e s. dans le style Renaissance. L'escalier a été ajouté au 19e s.

BANYS ARABS

(Bains arabes)

H3 *Can Serra, 7 - ✆ 971 046 534 - avr.-nov. : 9h-19h ; reste de l'année : 9h-18h - 2 €.*
Une coupole éclairée d'œils-de-bœuf et reposant sur huit colonnes aux

BANYALBUFAR
PM 104
A
B
1
2
3
PINAR PARK
SON XIGALA
SON SERRA
LA VILETA
SON VIDA
SON RAPINYA
POLIGON INDUSTRIAL DE SAN VALERO
ESTADI DE SON MOIX
VELODROM
PALAU D'ESPORTS
Camí La Vileta
Camí de Jesús
Reis
Menut
Raixa
Capocorb
Maribel
Camí Son Rapinya
Sollerìc
Sa Riera
Camí
Dalí
Salvador
Pasqual
Ribot
Joan Ripoll i Trobat
Dragonera
Pl. Llaç Blau
Son Espanyolet
CINTURA
Coll de la Creu
Camí Reis
Camí Gènova
Picasso
Av.
Palau de Congressos
Nuevo Pueblo Español
Andrea Doria
Pl. Pont
SA TEULERA
Camí
Illes Balears
VIA DE PM 20
Son Armadans
C. Jose Cela
Marquès de la Sènia
F. García Lorca
AUDITORIUM
CASTELL DE BELLVER
EL TERRENO
Miró
Roca
Pl. Gomila
Camí Tramvia
Reis
GÈNOVA
Camí
Joan
Fransesc
F. Vidal i Sureda
Joan
PORT D'ANDRATX
PEGUERA
PM 1
AUTOPISTA DE PONENT
de
Vidal
LA BONANOVA
Sureda
Gabriel
Fundació Pilar i Joan Miró
Saridakis
SANT AGUSTÍ
Joan Miró
Av.
PALACIO MARIVENT
Av.
Porto Pi
Av.
TORRE DE PARAIRES
CALA MAJOR
C 719
PALMA
plan I
PORTO PÍ
SANT CARLES
DIC DE L'OEST
0
1 km
N
BENDINAT, PALMANOVA

VALLDEMOSSA PM 111
PORT DE SÓLLER C 711 SÓLLER
POLLENÇA INCA
C
D
SON RUL . LAN
POLIGON INDUSTRIAL SON CASTELLO
PM 20
PM 27
Camí de Bunyola
Sant Vicenç de Paül
Salom
General
Valldemossa
Ter
Genil
Mallol
C 713
ES PONT D'INCA
ES VIVERO
VIA
Estada
Vell
Teniente
Oyaga
CONSERVATORI
Guillem
Forteza
Capitán
COLISEU BALEAR
Eusebi
Aragó
Heura
Camí
Baltasar
Valentí
Riera
Francesc Suau
Àlber
ES RAFAL
Av. Arquitecte G. Bennàzar
Jaume
Balmes
Son
Gotleu
Biniamar
31 de
Desembre
Reis
Prieto
Salard
Indalecio
CINTURA
Pl. Pere Garau
Arquebisbe
Aspàreg
Catòlics
St
Ignasi
ESTADI BALEAR
CAPDEPERA MANACOR C 715
Pl. Francesc Garcia i Orell
Vell
de
Sineu
Manacor
Manacor
Manacor
Alcover
Fe
LA SEU
Foners
Azaña
Caracas
SON MOLINES
Mèxic
Mèxic
Joan
Manuel
LLEVANT
DE
AUTOPISTA
PM 19
voir plan II
Joan
CAN PERE ANTONI
Maragall
Capitan
ES MOLINAR
Ramonell
Alga
Vicari
Boix
Joaquím
Gruta
Fuster
CAN PASTILLA, S'ARENAL
1
2
3
BADIA DE PALMA
MAR MEDITERRÀNIA
SORTIR
Abraxas........................... 7
Discoteca Tito's................ 9
SE LOGER
Hotel Feliz....................... 18
BARCELONA
IBIZA, MENORCA

chapiteaux provenant de différents bâtiments antérieurs, voilà presque tout ce qu'il reste de la présence musulmane à Palma. Simple, posé dans un jardinet, l'endroit revêt une incontestable magie empreinte de mélancolie.

MUSEU DIOCESÀ

(Musée diocésain)

***G3** Mirador, 5 - ✆ 971 723 860 - tlj sf lun., w.-end et j. fériés 10h-14h - 3 € (gratuit avec le ticket d'entrée de la cathédrale)*

Parmi les nombreuses œuvres gothiques exposées, on admirera le remarquable **saint Georges★**, de **Pere Nisart** (1568), terrassant le dragon devant la ville de Palma telle qu'elle se présentait au 16e s.

On y voit également un crocodile naturalisé : il s'agit du fameux **drac de na Coca**, dragon qui selon une légende urbaine terrorisa la ville au 17e s. jusqu'à ce qu'un preux chevalier d'Alcúdia venu chercher quelque aventure galante dans la capitale tombe nez à nez avec lui, et dégaine son épée.

MUSEU D'ART ESPANYOL CONTEMPORANI★ - FUNDACIÓ JOAN MARCH

***H2** Sant Miquel, 11- ✆ 971 177 830 - www.march.es/arte/palma - ♿ - lun.-vend. 10h-18h30, sam. 10h30-14h - gratuit.*

Installé dans une demeure de style régional (18e s.), autrefois siège de la banque March, ce musée expose une **collection permanente** qui réunit plus de 70 œuvres de 52 artistes contemporains espagnols. La visite offre une approche intéressante de l'art en Espagne au 20e s. depuis le surréalisme, représenté par des œuvres de Picasso, Miró, Dalí et Julio González, jusqu'à l'avènement des nouvelles tendances, comme le néo-expressioniste Miquel Barceló, en passant par Tàpies, Rafael Canogar, Eusebio Sempere et les sculpteurs Eduardo Chillida et Jorge Oteiza. Des expositions temporaires présentant les courants actuels sont régulièrement organisées.

LES ÉDIFICES MODERNISTES AUTOUR DE LA PLAÇA MAJOR

H2 Le quartier de la plaça Major abrite de nombreux bâtiments modernistes. Introduit aux Baléares par des architectes catalans, ce courant prit de l'ampleur à Palma au début du 20e s. Sur la **plaça Marquès del Palmer** voisine, quelques édifices valent le coup d'œil : la **Can Forteza Rey**, qui fait le coin avec la carrer Monges et, à côté, **El Águila**. Cet ancien entrepôt présente des éléments décoratifs influencés de l'école viennoise, notamment l'arc en plein cintre et ses ornements.

Dans la **carrer Colóm**, qui s'ouvre au sud de la place, s'élève la **Can de las Medias**, édifice recouvert de céramique.

Gran Hotel – *Pl. Weyler, 7 - ✆ 971 178 540 - mar.-sam. 10h-21h, dim. et j. fériés 10h-14h - gratuit*. Bel exemple de modernisme, c'est une œuvre de Lluís Domènech i Montaner (1903). L'intérieur abrite la **Fundación La Caixa** qui présente des expositions temporaires.

PLAÇA MERCAT

G2 Au n° 12, la **Can Berga**, demeure datée de 1712, abrite le palais de justice. Si les balcons de pierre encadrant la porte alourdissent la façade, la vaste cour intérieure reproduit, en l'adaptant à son échelle, l'ordonnance des patios majorquins. On admire ensuite la **Can Casasayas**, qui se compose de deux édifices modernistes aux façades ondulées. Juste en face, dans la **carrer Unió**, voir la façade moderniste de la confiserie **Forn Fondo** (n° 15).

PALAU SOLLERIC

(Palais Solleric)

G2 *Pg del Born, 27 - ✆ 971 722 092 - mar.-sam. 10h-14h, 17h-19h, dim. et j. fériés 10h-13h30 - gratuit.*

Attribué à l'architecte Gaspar Palmer, ce palais du 18e s., dont la façade décorée d'une élégante loggia, donne sur le passeig del Born. En contournant l'édifice par un étroit passage sous arcade, on découvre le **patio**★ le plus harmonieux de Palma. L'escalier à double volée, délicatement soulignée d'une rampe en fer forgé, présente des proportions admirables. Des salles ont été aménagées pour accueillir des expositions.

SA LLOTJA★

F3 *Pg Sagrera - ✆ 971 711 705 - ouvert uniquement lors d'expositions : mar.-sam. 11h-14h, 17h-21h, dim. et j. fériés 11h-13h30.*

Cette **Bourse des marchands** fut édifiée au cours du 15e s. sur les plans de **Guillem Sagrera**, architecte majorquin de grand renom, qui travailla à la cathédrale de Perpignan. L'allure fortifiée de cet édifice ne saurait tromper : la galerie ajourée simulant un chemin de ronde, les merlons et les tourelles ont un rôle plus décoratif que défensif. Ces éléments permettent en effet de déguiser les indispensables contreforts et, avec l'aide de fenêtres gothiques au fin remplage, d'atténuer la sévérité des murs. On admirera enfin l'extrême élégance de la salle : les nervures qui soulignent les croisées d'ogives retombent sur six belles colonnes torses.

CONSOLAT DE LA MAR

(Consulat de la mer)

F3 *Pg Sagrera - ✆ 971 716 092 - ne se visite pas.*

Édifié au début du 17e s. et décoré d'une loggia Renaissance, l'ancien consulat de la mer était le siège du tribunal de commerce maritime. Actuellement, la présidence de la Communauté autonome des îles Baléares y est installée.

ES BALUARD MUSEU D'ART MODERN I CONTEMPORANI

F2-3 *Pl. Porta de Santa Catalina, 10 - ✆ 971 908 200 - www.esbaluard.org - mar.-sam. 10h-20h, dim. 10h-15h - fermé 25 déc. et 1er janv. - 6 € (-12 ans gratuit - le merc. 4,50 €, le vend. tarif au choix du visiteur, à partir de 0,10 € - si l'on vient à vélo : 2 €).*

Ce musée d'art moderne et contemporain vise à promouvoir l'art du 20e s. à nos jours en lien avec les Baléares. On y trouve notamment des œuvres de **Joaquim Mir**, **Joaquín Sorolla**, **Joan Miró**, **Antoni Gelabert** ainsi que celles du grand peintre espagnol originaire de Felanitx, **Miquel Barceló**. La collection est complétée par des tableaux de **Juan Gris**, **Pablo Picasso**, **René Magritte**, etc. La terrasse sur le toit offre un beau point de vue sur le port, où l'on tutoie les mouettes.

NOU POBLE ESPANYOL★

(Nuevo Pueblo Español/Nouveau Village espagnol)

Plan I B2 *Poble Espanyol, 55 (son Dureta, 39) - sortir du centre-ville par le pg de Sagrera ou prendre le bus n° 5 - ✆ 971 737 075 - ♿ - lun.-sam. 9h-18h (17h en hiver), dim. 9h-15h - 6 € (4-12 ans 5,60 €).*

Ce simulacre de village, où sont reconstituées les maisons les plus caractéristiques de chaque région d'Espagne, s'attache à reproduire avec une fidélité scrupuleuse des ensembles monumentaux très célèbres comme la cour des Myrtes (ou « Patio de los Arrayanes », Alhambra de Grenade), la maison du Greco (Tolède) ou une plaza Mayor castillane. En été, des artisans au travail et des spectacles folkloriques animent les ruelles où s'égrènent bars et restaurants.

En face du village, le monumental **palais des congrès** a été conçu comme un pastiche des principaux édifices romains d'Espagne.

CASTELL DE BELLVER★

(Château de Bellver)

Plan I B2 *Camilo José Cela, 17 - sortir du centre-ville par le pg de Sagrera ou prendre le bus n° 3 ou 46 jusqu'à la pl. Gomila et monter les escaliers (15mn) - ✆ 971 730 065 - oct.-mars : lun. 8h30-13h, mar.-sam. 8h30-18h, dim. et j. fériés (château seult) 10h-18h30 ; avr.-sept. : lun. 8h30-13h, mar.-sam. 8h30-20h, dim. et j. fériés 10h-18h30 - 4 € (-16 ans 2 €), dim. gratuit.*

Édifié au 14e s. comme résidence d'été pour les rois de Majorque, il fut transformé en prison et garda cette affectation jusqu'en 1915. Parmi les hommes célèbres incarcérés ici figure le philosophe des Lumières **Jovellanos** (1744-1811). Ministre de la Justice en 1797, il se heurta à l'Inquisition, fut disgracié par Godoy en 1801 et exilé dans un premier temps à la chartreuse de Valldemossa *(voir p. 41)*, avant d'être incarcéré à Bellver. Il quitta les lieux en 1808 juste avant que n'y entrent les officiers français faits prisonniers à Bailén.

La forme circulaire de l'enceinte, des bâtiments et de la cour intérieure est absolument unique en Europe. Le donjon détaché du corps principal domine l'ensemble. Sous les arcades du rez-de-chaussée sont exposées des statues romaines de belle taille. Elles font partie du legs du cardinal Despuig, dont les collections italiennes enrichissent le **musée municipal d'Histoire**. Le produit des fouilles effectuées dans l'antique *Pollentia* *(voir Alcúdia p. 50)* complète ce musée aux explications

Le château de Bellver, Palma

passionnantes. La terrasse offre un **panorama★★** largement dégagé sur la baie de Palma.

FUNDACIÓ PILAR I JOAN MIRÓ

(Fondation Pilar et Joan Miró)
Plan I A3 *Joan de Saridakis, 29, Cala Major - sortir du centre-ville par le pg de Sagrera ou prendre le bus n° 46 - ✆ 971 701 420 - http://miro.palmademallorca.es - 15 mai-15 sept. : mar.-sam. 10h-19h (18h reste de l'année), dim. et j. fériés 10h-15h - fermé 1er sept., 25 déc. - 6 € (-14 ans gratuit).* La fondation est née du désir de l'artiste et de sa femme de doter la ville de Palma d'un centre culturel et artistique vivant. À l'ombre de son Abrines, résidence privée du peintre de 1956 à sa mort, sont exposées par roulement les œuvres léguées par le couple. Elles sont présentées dans l'*espacio estrella* de l'édifice conçu par l'architecte **Rafael Moneo**. La visite permet de découvrir l'univers de **Miró**, l'un des créateurs les plus complets et les plus originaux de l'art moderne. On voit le grand atelier que lui dessina son ami **Josep Lluís Sert** ainsi que l'atelier de son Boter. On y découvre également des sculptures et peintures d'autres artistes faisant partie de la collection personnelle de Joan Miró.

CIRCUIT DE PALMA À ALCÚDIA,PAR L'INTÉRIEUR

Circuit tracé en grenat sur la carte de Majorque sur le plan détachable à l'intérieur de la couverture.
Accès depuis Palma par la sortie 9.

MARRATXÍ ET LA « RUTA DEL FANG »

B2 Les villages constituant la municipalité de Marratxí **(sa Cabaneta, Pòrtol)** comptent de nombreux potiers *(ollers)* qui se sont regroupés dans une association baptisée « route de l'argile ». Il s'agit essentiellement de poterie traditionnelle, et c'est ici que l'on confectionne notamment les fameux *xiurells*. Sa Cabaneta abrite un **Museu del Fang**, installé dans un ancien moulin *(c/ del Molí - ✆ 971 797 694 - mar., jeu. et vend. 10h30-13h)* qui propose des expositions temporaires.

INCA

C2 Cette grosse bourgade, important marché sous les musulmans, vécut longtemps de la vigne, culture pratiquement abandonnée après l'épidémie de phylloxéra à la fin du 19e s. En témoignent de nombreux *cellers* (caves) désaffectés et reconvertis pour certains en café ou restaurant. La prospérité actuelle de la ville est due à l'industrie du cuir en général et de la chaussure en particulier. Au cours d'une promenade, on remarquera l'église Santa Maria la Major et celle du couvent des dominicains, toutes deux baroques, ainsi que quelques demeures modernistes.

SINEU

C2 Ce village perché, qui dissimule un lacis de ruelles d'aspect médiéval au-dessus de la vaste plaça des

Fossar (siège du plus grand marché hebdomadaire de l'île), fut jadis la résidence du roi de Majorque Jaume II. Très remanié, le **Palau dels Reis de Mallorca** abrite depuis 1583 une communauté de moines.
En flânant au hasard des rues vous remarquerez l'**église Saint-Marc** bâtie en style gothique à partir de 1505, dominée par son clocher pyramidal. Un lion ailé de Saint-Marc (« Es Lleó ») trône devant le sanctuaire. Arrêtez-vous aussi dans les galeries d'art avoisinantes.
Dans la carrer Sant Francesc, l'**hôtel de ville** (Ajuntament) a investi un ancien couvent.

MURO

C2 Ce centre maraîcher a conservé quelques demeures seigneuriales.
Museu Etnogràfic – *Major, 5 - ✆ 971 860 647 - mar.-merc. et vend.-sam. 10h-15h, jeu. 10h-15h, 17h-20h, dim. 10h-14h - fermé août - 2,40 €, sam. gratuit.* Cette section du musée de Majorque est installée dans la Can Simó, une maison noble du 17e s. Elle présente un intérieur paysan typique (cuisine et chambre reconstituées et meublées en style majorquin), une belle collection de costumes traditionnels, des outils utilisés jadis par les paysans du cru, ainsi que des céramiques caractéristiques de l'île, parmi lesquelles des sifflets ou *xiurells*. Dans un bâtiment annexe, une exposition consacrée à l'artisanat présente les outils et réalisations de différents corps de métiers : forgeron, ébéniste, doreur, graveur, soudeur, orfèvre et cordonnier.
Revenir sur la Ma 13 (sortie 37) et suivre pendant 4 km une petite route signalée à gauche.

COVES DE CAMPANET

(Grottes de Campanet)

✆ 971 516 130 - www.covesdecampanet.com - visite guidée (40mn) 10h-19h (18h hiver) - fermé 25 déc., 1er janv. - 13,50 € (5-10 ans 7 €).
C1 Ces grottes furent découvertes en 1947 et l'on y trouva des ossements d'un mammifère préhistorique, le *Myotragus balearicus*, disparu depuis 4000 ans. Sur les 1300 m du parcours souterrain, la moitié n'est plus soumise à l'action de l'eau et se caractérise par de grandes concrétions, bien mises en valeur par un éclairage qui respecte les couleurs naturelles. Dans la section vive, des stalactites très fines et rectilignes dominent.
Revenir sur la MA 13 et poursuivre jusqu'à Alcúdia. La route traverse un paysage hérissé d'éoliennes.

ALCÚDIA★

C1 *(Voir p. 50).*

La Côte rocheuse★★★

(Costa Rocosa)

La côte ouest de Majorque est une des merveilles de l'île. Parcourue par de nombreux cyclistes, elle voit ses montagnes tomber à pic dans une mer profonde aux eaux bleues et turquoise. Son relief acéré est adouci par la présence d'une végétation méditerranéenne abondante en certains endroits et par la culture d'arbres fruitiers. Les plages sont plutôt à rechercher au nord, vers Pollença et Alcúdia, à l'est du superbe cap de Formentor.

▶**Accès :** La Côte rocheuse s'étire à l'ouest de l'île entre Palma et Alcúdia, sur 157 km par le littoral (contre 55 km par les terres).
Plan détachable Mallorca A2-C1.
▶**Conseil :** Prévoyez 2 jours pour parcourir la côte, en particulier le cap de Formentor, la vue sur les eaux turquoise du haut des falaises et les rues tranquilles d'Alcúdia le soir. *Les offices de tourisme des localités sont répertoriés au fil du circuit.*

DE PALMA À ANDRATX

Quitter Palma par le passeig de Sagrera, puis la Ma 1.
Entre Palma et Port d'Andratx, la côte, découpée en larges criques et calanques aux belles plages de sable, a été urbanisée et les stations se succèdent : **Palmanova**, **Santa Ponça** (où débarqua en 1229 Jaume Ier d'Aragon – croix commémorative), **Peguera**, **Cala Fornells** et **es Camp de Mar**.

ANDRATX

A2 Le bourg, entouré de plantations d'amandiers, se détache à peine sur un fond de montagnes grises que domine le pic Galatzó (1027 m).
Centre d'Art contemporain (CCA) – *Estanyera, 2 (à hauteur de l'Ajuntament, suivre la direction « sa Coma ») - ✆ 071 137 770 - www.ccandratx.com - mar.-vend. 10h30-19h (16h en hiver), sam., dim. et j. fériés 10h30-16h - 8 €.* Doté d'un grand patio, ce centre d'art, qui accueille des artistes en résidence, propose des expositions d'art contemporain (vidéos, installations, peinture et sculpture).

PORT D'ANDRATX

4,5 km au sud-ouest. Ce port de pêche (utilisé par de nombreux plaisanciers) se blottit au fond d'une rade étroite. Sur les quais, nombre de restaurants et de cafés déploient agréablement leurs terrasses devant la baie.
Retourner à Andratx, puis prendre la Ma 10.

D'ANDRATX À VALLDEMOSSA, CÔTÉ MONTAGNE...

Circuit, tracé en vert foncé sur la carte de Majorque sur le plan détachable, dans la couverture. 40,5 km, dont 31 km par une route de montagne, étroite et sinueuse (croisements parfois un peu difficiles) mais au revêtement excellent. Quitter Andratx en direction de sa Coma (Ma 1031), puis, dans es Capedra, prendre à gauche la Ma 1032 vers Puigpunyent.

Au pied du **Puig des Galatzó** (alt. 1027 m), la route parcourt un paysage superbement sauvage de garrigue et de rocaille, agrémenté de quelques pinèdes.

Galilea – Agréable village perché, aux maisons serrées autour de l'église située sur une place, aménagée en belvédère.

De là, on a la surprise d'apercevoir la mer, au loin en contrebas. Un lieu idéal pour déguster les *panambolis* concoctés par le « bar paroissial ».

Puigpunyent – « Capitale » de la région, ce bourg constitue un lieu de séjour apprécié, notamment des gourmets. À l'entrée du village, une route sur la gauche (étroite et tourmentée, et dotée d'un revêtement plus qu'aléatoire) conduit à la Réserve naturelle del Puig de Galatzó où se tient le **Parque Aventura**. On y trouvera des aires de jeux pour enfants intrépides, un mini-zoo, des sentiers tracés parmi les cascades, et une tyrolienne pour les amateurs de sensations fortes. *(✆ 971 616 622 - www.lareservamallorca.com - tlj 10h-19h).*

Au-delà de Puigpunyent, on franchit le col d'es Grau (468 m) avant de redescendre vers Esporles.

La Granja à **Esporles** – *Ctra Banyalbufar, km 1 - Esporles - ✆ 971 610 032 - www.lagranja.net - tlj 10h-19h (18h en hiver) - spectacle équestre et artisanat : merc. et vend. 15h-16h25 - 13,80 € (enf. 7 €).*

Cette belle « possessió » (demeure seigneuriale rurale)
dont on peut visiter les différentes pièces, meublées et décorées, se distingue par son parc luxuriant. On peut y voir les animaux de la ferme, des artisans au travail, déguster (gratuitement) quelques spécialités majorquines, et, bien sûr, acheter des souvenirs.

1,5 km plus loin, prendre la Ma 10 conduisant à Valldemossa.

... ET CÔTÉ MER

Circuit tracé en orange sur la carte de Majorque, sur le plan détachable, dans la couverture. Depuis Andratx, prendre la Ma 10 signalisée Sóller.

D'Andratx à Sóller, la Ma 10 tracée en **corniche★★★**, extrêmement sinueuse, le plus souvent en bordure de falaise, dévoile des points de vue remarquables. Presque toujours ombragée de pins, elle fait le bonheur des cyclistes, du moins ceux qui sont dotés de mollets d'acier !

MIRADOR RICARDO ROCA★★

A2 La vue plonge à pic sur les minuscules criques aux eaux limpides.

Continuer sur la Ma 10.

ESTELLENCS

A2 Ce joli village, entouré de terrasses couvertes d'amandiers, de citronniers et d'abricotiers, est très tranquille dès que l'on se glisse dans ses rues pavées. Les sculptures *(dont El Mulo)* que l'on aperçoit dans le village sont dues à Maríano Navares (né en 1959), artiste local et contemporain, dont l'atelier *(ne se visite pas)* est situé dans l'ancienne église, au cœur du village. Plusieurs petits restaurants et boutiques de produits locaux sont situés, pour la plupart, en bord de route.

Poursuivre par la Ma 10.

MIRADOR TORRE DEL VERGER (OU DE SES ÀNIMES)★★

A2 Depuis une ancienne tour de guet, la **vue** spectaculaire s'étend sur la côte de l'île de Dragonera jusqu'à Port de Sóller. Une véritable merveille à ne rater sous aucun prétexte !

Continuer sur la Ma 10.

BANYALBUFAR

A2 Ce beau village dominant la mer, aux hautes maisons de pierre agrippées à la pente, est entouré de tomates et de vignes cultivées en terrasses.

Poursuivre sur la Ma 10 pendant 14,5 km, puis prendre à droite la Ma 1131.

VALLDEMOSSA

B2 *i Av. Palma, 7 - ✆ 971 612 019 - www.valldemossa.com.*

Une belle avenue ombragée conduit au centre de ce village harmonieux aux façades de pierre de couleur miel. Souvent ornées d'*azulejos,* elles portent des légendes versifiées relatives à sainte Catherine Thomas, jadis nonnette au couvent de Miramar et unique sainte de Majorque.

On prend d'autant plus plaisir à déambuler dans les ruelles qu'elles sont bordées de commerces de qualité proposant ce que l'île a de meilleur (produits gourmands, cuir, perles, articles en bois d'olivier...)

Cartoixa (Chartreuse) – *✆ 971 612 106 - www.valldemossa.com - lun.-sam. 9h30-15h (déc.-janv.), 17h (fév. et nov.), 17h30 (mars et oct.) ou 18h30 (avr.-sept.), dim. 10h-13h sf. déc. et janv. - fermé 25 déc. - 8 € (-10 ans gratuit, 10-14 ans 3,70 €).*

Cette chartreuse, fondée autour d'un palais ayant appartenu au roi Sanche (Sanç), fut rendue célèbre par le séjour de **George Sand** et **Frédéric Chopin** durant l'hiver 1838-1839. Le temps maussade et l'hostilité des habitants envers ce couple adultérin laissèrent à George Sand des souvenirs désenchantés. La beauté des paysages lui dicta pourtant quelques pages enthousiastes *(Un hiver à Majorque)* et Frédéric Chopin trouva dans cette ambiance oppressante matière à son inspiration : tous les ans en août, un festival Chopin perpétue le souvenir de ce séjour.

Sur un côté du cloître, la **pharmacie** du 18e s. présente une belle collection de bocaux et de boîtes. Des cellules où habitèrent George Sand et Frédéric Chopin (petit musée Chopin et documents divers), d'agréables vues s'ouvrent sur les plantations de caroubiers, d'oliviers et d'amandiers qui entourent le village. Dans un petit **musée**, collection de bois gravés pour la xylographie.

Centre cultural Costa Nord – *Av. Palma, 6 - ☏ 971 612 425 - www.costanord.es- tlj 9h-17h - 6 € (langues : demander à l'accueil).* Deux éléments composent la visite de ce centre qui propose de mieux faire connaître la Côte rocheuse. Tout d'abord une vidéo (présentée par Michael Douglas, résidant à ses heures dans la région) qui retrace l'histoire de la côte, de ses occupants successifs et de ses lieux emblématiques, avant de mettre l'accent sur deux personnages qui ont contribué à la sauvegarder et à la faire connaître : l'archiduc d'Autriche Louis Salvator et l'écrivain anglais Robert Graves. La seconde partie (« El Barco ») est un montage audiovisuel consacré à l'évocation de ce personnage un tantinet excentrique que fut l'archiduc, et à son bateau qui lui servait à la fois de bureau, d'atelier et de garçonnière, et à bord duquel le prince, peu inspiré par les intrigues de la cour viennoise, parcourut de long en large la Méditerranée. Le tout constitue une excellente présentation de la région, en prélude à sa découverte.

Rebrousser chemin et reprendre la Ma 10 à droite.

La route, tracée en corniche, surplombe la mer de plus de 400 m.

MONESTIR DE MIRAMAR

B2 *Parking dans une oliveraie côté mer - lun.-sam. 9h-18h - 4 €.*

Fondé par **Ramon Llull** au 13e s., ce monastère franciscain fut, après de multiples avatars, sauvé de la ruine complète par l'archiduc Louis Salvator. La visite permet de découvrir une galerie du cloître d'origine, ainsi que la demeure élevée par l'archiduc, dans laquelle sont exposés quelques souvenirs de la maison d'Autriche (Sissi, Rodolphe) et des éléments évoquant la pensée de Llull. Une terrasse offrant une vue superbe sur la mer en contrebas, un sentier tracé à flanc de falaise parmi les oliviers, et un jardin ombragé de cyprès où subsistent les fondations de l'ancienne église en forme de croix byzantine, constituent les principaux points d'intérêt du lieu.

Quand la montagne plonge dans la mer

La Côte rocheuse est dominée par la barrière calcaire de Tramuntana, dont le plus haut sommet, le Puig Major, atteint 1 445 m. Cette montagne aux paysages violents et sauvages, seulement égayés par la présence des pinèdes vert tendre, est entaillée de plusieurs criques. Dans la partie sud, autour des villages d'Estellencs et de Banyalbufar, les versants ont été complètement aménagés en terrasses, les « marjades », où l'on cultive oliviers, amandiers et vignes. Dans les vallées plus fertiles, à l'arrière de la côte, de grandes fincas (fermes) aux élégantes maisons seigneuriales, comme la Granja et Alfàbia, se sont développées du 17e au 19e s., sous l'impulsion des riches familles de Palma, en quête de quiétude.

SON MARROIG

***B2** Ctra Valldemossa-Deià - ✆ 971 639 158 - www.sonmarroig.com - lun.-sam. 10h-19h - fermé dim., 1er janv., 25 déc. - 4 €.*
Cette demeure donnant sur la mer a appartenu à l'archiduc d'Autriche **Louis Salvator**. On peut y admirer ses collections d'archéologie, de meubles majorquins, ainsi que ses ouvrages sur les Baléares au milieu d'un bric-à-brac étonnant. Le petit temple en marbre situé dans le jardin offre une vue sur la **punta de sa Foradada** (roche percée). Le panorama est également très beau depuis la terrasse du bar à l'entrée du parking.
Poursuivre sur la Ma 10.

DEIÀ

B2 Ce village aux maisons rousses, perché sur un coteau couvert d'oliviers et d'amandiers, a été élu comme lieu de résidence par de nombreux écrivains et peintres. Les hautes collines plantées de pins et de chênes verts donnent à ce site un aspect montagnard.
La descente à pied du village jusqu'à la crique *(cala)* de Deià constitue une agréable promenade.
Le chemin part de la route, après le restaurant El Olivo, en venant de Sóller.
Can N'Alluny (casa-Museu Robert Graves) – *✆ 971 636 185 - www.robertgraves.org et www.lacasaderobertgraves.com - lun.-vend. 10h-17h, sam. 10h-15h, fermé dim. - 7 €.* Relativement peu connu du public français, l'écrivain britannique **Robert Ranke Graves** (1895-1985) est, entre autres, l'auteur d'un best-seller, *Moi, Claude*. Après avoir rompu les amarres avec sa terre natale, cet ami et biographe du fameux Lawrence d'Arabie bâtit de ses propres mains, à partir de 1932, cette demeure où il vécut jusqu'à sa mort (à l'exception de la période 1935-1945) avec ses compagnes successives. Il y recevait ses amis parmi lesquels nombre de célébrités du monde de la littérature (Camilo José Cela, notamment) ou du cinéma (comme la sublime Ava Gardner). Après une vidéo (en anglais ou en castillan), on visite la maison que son hôte vient seulement, semble-t-il, de quitter : remarquez, sur le bureau, les lunettes de l'écrivain, posées à côté de la tasse de thé… Un petit musée permet en outre de découvrir lettres, photos et éditions originales.
Reprendre la Ma 10.
Belle **vue** sur la côte depuis le hameau de Lluc Alcari.

SÓLLER

***B2** Pl. d'Espanya, 15 - ✆ 971 638 008 - www.visitsoller.com - 9h15-13h.*
Sóller est la plus grande ville de la côte ouest. Elle s'étale au cœur d'un large bassin où poussent cultures maraîchères, orangers, citronniers et oliviers. De nombreux habitants, une fois fortune faite à l'étranger dans le commerce des primeurs, sont revenus ici goûter une paisible retraite, dans des demeures souvent édifiées en style moderniste, comme **Can Prunera** *(carrer de la Lluna, 86-90 - ✆ 971 638 973 - www.canprunrera.com - mar.-dim. 10h30-18h30)* qui abrite

un musée moderniste (mobilier, œuvres de Picasso, Miró et Klee).
La carrer de la Lluna est animée de nombreux commerces. La jolie place de sa Constitució, avec sa fontaine centrale, est entourée de bars et de restaurants. L'**église Sant Bartomeu** ainsi que la **Banque de Sóller** (aujourd'hui Banque de Santander) sont construites également dans un style moderniste.
Un peu plus loin, la **gare**, récemment restaurée, accueille 2 salles d'exposition permanente : l'une des céramiques de Picasso, l'autre des œuvres de Miró *(entrée gratuite)*. De là part le **tramway** qui mène au port de Sóller.
En face de la gare, l'office de tourisme s'est trouvé une place de choix, dans une rame du tramway !
Jardín Botánico et Museu Balear de Ciènces Naturals (Jardin botanique et musée des Sciences naturelles) – *Ctra Palma-Port de Sóller, km 30 - ☏ 971 634 014 (jardin) ; 971 634 064 (musée) - www.jardibotanicdesoller.org - mars-oct. : 10h-18h ; nov.-fév. : 10h-14h - fermé dim., 1er et 6 janv., Pâques, 25 déc. - 8 € (-6 ans gratuit).*
La belle maison de pierre accueille le musée des Sciences naturelles où sont exposés notamment plus de 30 000 fossiles des Baléares. À ses pieds s'étend le **jardin botanique★** dans lequel sont regroupées les différentes espèces sauvages des îles Baléares.
Si vous le pouvez, ne manquez pas la Fête de l'orange, le 1er w.-end de juin. (*« Agenda culturel » p. 140*).
Suivre la Ma 11 ou emprunter le pittoresque tramway qui relie Sóller à Port de Sóller.

PORT DE SÓLLER

B1 *Canonge Oliver, 10 - ☏ 971 633 042 - mars-oct. : tlj sf w.-end et j. fériés 9h15-13h, 14h45-17h ; fermé nov.-fév.*
Relié à la ville par un vénérable tramway qui parcourt le front de mer *(www.trendesoller.com, fréquence : 30mn en été, 1h en hiver 5 € AR)*, Port de Sóller, sise au fond d'une petite baie presque circulaire, dispose d'une rade très abritée pour les bateaux de plaisance. Avec sa plage de sable et son arrière-pays accidenté, c'est la grande station balnéaire de la côte occidentale. Malgré l'intense activité touristique, le village a conservé un charme certain. Des excursions en bateau le long de la côte partent de ce port.
Retourner jusqu'à Sóller par la Ma 11 et poursuivre jusqu'aux jardins d'Alfàbia en suivant Bunyola. Un conseil : si vous avez le temps et ne craignez pas les virages en épingle à cheveux, évitez le tunnel du Coll de Sóller (péage 4,90 € pour 3 km !).
La route en lacet que vous emprunterez alors s'élève rapidement en offrant des vues sur Sóller, le port et la mer, puis redescend vers la plaine sur le versant sud de la sierra.

JARDINS D'ALFÀBIA, À BUNYOLA

B2 *☏ 971 613 123 - www.jardinesdealfabia.com - avr.-oct. : lun.-sam. 9h30-18h30 ; nov.-mars : lun.-vend. 9h30-17h30, sam. 9h30-13h - hiver 5,50 € ; été 6,50 €.*

La résidence appartenait à l'origine à des Arabes ; de cette époque, il ne reste qu'un plafond *artesonado* datant de la fin du 12e s. Un circuit fléché guide le visiteur à travers le parc, ses allées sous tonnelles, ses fontaines, sa végétation exotique de palmiers, bougainvillées et bambous, et son emblématique pergola, jusqu'au patio au sol empierré *(clastra)* que l'on traverse pour accéder à la demeure. À l'intérieur, harmonieux mélange de styles (gothique, baroque, rococo, etc.). Se visitent la **bibliothèque** et le grand salon, qui évoquent l'atmosphère raffinée des grandes demeures seigneuriales majorquines.

Regagner Sóller et prendre à droite la Ma 2121.

Cette petite route mène aux pittoresques villages montagnards de **Biniaraix** et **Fornalutx**, dont les belles maisons en pierre ocre se parent de volets verts.

Après Fornalutx, la route redescend sur la Ma 10 ; prendre celle-ci vers le nord.

MIRADOR DE SES BARQUES

B1 Vue intéressante sur Port de Sóller. La route s'éloigne de la côte et traverse des paysages montagneux. Après un long tunnel, elle emprunte la haute vallée du torrent de Pareís. Vers l'ouest se dresse l'imposant **Puig Major**, dont le sommet est inaccessible en raison d'installations militaires.

Après avoir longé la retenue de Gorg Blau, prendre la route de sa Calobra.

ROUTE DE SA CALOBRA★★

B1 Avec un dénivelé de près de 700 m sur 12 km, cette route, remarquable par son tracé mais assez vertigineuse, plonge en impressionnants lacets serrés vers la Méditerranée dans un dédale de roches déchiquetées aux formes étranges. Ce paysage désolé est dominé par le Puig Major.

Sa Calobra – *Parking payant obligatoire à l'entrée entre 9h30 et 19h30.* Petit village composé de quelques restaurants pour groupes en bordure de mer, dans une crique rocheuse où accostent les bateaux venant de Port de Sóller. Aujourd'hui, il est devenu l'une des excursions préférées des voyagistes de l'île. Mieux vaut donc y arriver tôt le matin ou s'y rendre en basse saison.

À côté de sa Calobra, au nord, l'embouchure du **torrente de Pareís★** est barrée par une plage de galets ronds et blancs baignés d'une eau très pure.

Le lit du torrent est accessible par un chemin *(200 m)* qui emprunte deux galeries souterraines. On appréciera son encaissement en le remontant à pied sur 2 à 3 km.

Retourner jusqu'à la Ma 10 et continuer vers le nord.

Un kilomètre après l'embranchement, un petit **belvédère★** (alt. 664 m) permet d'apercevoir en contrebas l'entaille creusée par le défilé de Pareís. La route traverse ensuite une belle forêt de chênes verts.

Pollença, Majorque.

MONASTÈRE DE NUESTRA SEÑORA DE LLUC

B1 Au cœur de la Serra de Tramuntana, à 500 m d'altitude, dans le village de Lluc, se dresse ce complexe religieux très visité en haute saison. Son origine remonterait au 13e s. quand un jeune berger découvrit à cet emplacement une statue de la Vierge. Un sanctuaire fut construit pour l'abriter et les pèlerins furent de plus en plus nombreux à se rendre sur les lieux. Les bâtiments actuels datent du 17e s. pour l'église, du début du 20e s. pour l'hôtellerie. La Vierge gothique en pierre sombre, **la Moreneta**, patronne de l'île de Majorque, fait toujours l'objet d'un pèlerinage très suivi. La statue est placée au sommet du retable majeur et est visible de l'arrière du chœur.

Le **musée** de Lluc *(tlj sf sam. 10h-13h30, 14h30-17h30 - 1,50 € + parking 2/4,80 €)* présente des collections d'objets religieux, d'outils et de vêtements des habitants de la région au 19e s., et des peintures de divers artistes. Un **jardin botanique** *(10h-13h, 15h-18h - gratuit)*, riche de 200 variétés de plantes, est également ouvert à la visite.
Les élèves de la manécanterie (école de musique religieuse) installée dans le monastère, filiale de celle de Montserrat *(en Catalogne)*, sont appelés les **« Blauets »** en raison de la couleur de leur chasuble. Tous les jours sauf le samedi, matin et soir, ils chantent en public en l'honneur de la Vierge.
Le monastère de Lluc est le point de départ de plusieurs **randonnées** dans les montagnes alentour. Pour vous renseigner sur les différents parcours, rendez-vous au centre d'interprétation installé à l'entrée du parking.
Au passage du col de Sabataía, à 5 km au nord de Lluc, vue sur la baie de Pollença.

POLLENÇA

C1 *Sant Domingo, 17 - ✆ 971 535 077 - mai-oct. : lun.-vend. 9h-13h30, 14h-16h, dim. 10h-13h, fermé sam. ; nov.-avr. : tlj sf sam. 8h-10h30, dim. 11h-15h.*
Située entre deux collines – à l'est celle du Puig de Pollença (333 m), à l'ouest celle que couronne un calvaire *(accès par un long escalier bordé de cyprès)* –, cette ville présente un petit **pont romain** à deux arches enjambant un torrent à sec *(accès par la carrer Bartolomeu Aloy, signalisation)*.
Le centre ancien de cette petite cité restée à l'écart des flux touristiques, s'étend autour d'un axe piéton (c. Antoni Maura et c. L'Ombra) conduisant de placette en placette, de la plaça Santo Domingo au calvaire. Il a conservé son aspect traditionnel avec ses maisons basses en pierre ocre au portail fermé d'un arc en plein cintre.
Claustre i Museu de Pollença – *Juin-sept. : mar.-vend. 10h-13h, 17h30-20h30 ; hiver : mar.-vend. 10h-13h - visite guidée, tél au : 971 531 166 - 1,50 €*. Sa visite permet de découvrir le cloître du couvent Santo Domingo (remarquez la collection de jarres du 17e s. utilisées pour consolider les voûtes). À l'étage, collections diverses : archéologie préhistorique, peintures primées lors du festival

annuel de Pollença et intéressante section d'art gothique avec notamment une *Déposition* attribuée à l'atelier de Lluís Borrassà.

Casa-museu Dionis Bennàssar – *Roca, 14 (par C/ Major puis à gche C/ Águila) - ✆ 971 530 997 - mar.-dim. 10h30-13h30 - 2 €.* Peintre local, **Dionis Bennàssar** (1904-1967) a vécu et travaillé dans cette maison où ses œuvres, souvent des paysages très colorés, sont présentées de façon chronologique.

Fundació Marti Vicens – *Calvari, 10 - ✆ 971 532 867 - merc.-sam. 10h-17h30, dim. 10h30-14h - gratuit.* **Marti Vicens** (1926-1995) fut un tisserand, spécialiste en *teles de lengües*, toiles typiquement majorquines au dessin évoquant une flamme (seuls trois ateliers perpétuent aujourd'hui cette tradition). La fondation permet de découvrir les créations de l'artiste qui fut également un peintre amateur.

PORT DE POLLENÇA

C1 *Pg Saralegui - ✆ 971 865 467 - avr.-oct. : lun.-vend. 8h-20h, sam. 10h-17h, dim. 10h-13h ; nov.-mars : tlj sf dim. et j. fériés 8h-15h, sam. 10h-13h.* Cette importante station s'étire le long d'une **baie★** très abritée qui, entre le cap de Formentor au nord et le cap del Pinar au sud, constitue un plan d'eau idéal pour la voile et le ski nautique. Le port est aménagé pour les bateaux de plaisance.

Une agréable promenade longe la plage. La partie conseillée est celle qui part du centre vers le cap. Elle est jalonnée de plusieurs belles demeures bourgeoises qui ont échappé, jusqu'à présent, aux appétits de l'industrie touristique.

Emprunter la Ma 2210 à Port de Pollença.

ROUTE DU CAP DE FORMENTOR★★

C1 Par de multiples sinuosités et souvent en haute corniche, cette route entaille une longue et étroite épine dorsale en offrant des points de vue spectaculaires. Le **mirador des Colomers★★★** *(accès par un chemin coupé d'escaliers)* domine la « Costa Brava » majorquine en un impressionnant surplomb. Vue sur les grands promontoires rocheux tombant à pic dans la mer. Du parking du mirador part le *Camí de la Talaia d'Albercuix* qui grimpe jusqu'à la tour située à 390 m d'altitude : très beau panorama également.

La **plage de Formentor**, bien abritée, ouvre sur la baie de Pollença. Son site, des plus agréables, est embelli par les terrasses fleuries du luxueux hôtel Formentor, construit en 1928, qui fut célèbre pour son casino et sa clientèle de milliardaires.

En poursuivant la route du cap, une fois passé le tunnel qui masque un instant au nord la Cala Figuera, le paysage devient aride, les dénivellations impressionnantes et l'on parvient au **cap Formentor★**, pointe la plus septentrionale de l'île, dominée par un phare. C'est une formidable muraille haute de 200 m qui plonge dans la mer.

Revenir à Port de Pollença et prendre la Ma 2220 qui longe la baie de Pollença.

ALCÚDIA★

C1 *C Major, 7 - 971 897 100 - avr.-oct. : tlj sf dim. et j. fériés 10h-14h, 16h-18h, sam. 10h-13h ; fermé nov.-mars.*
La mairie d'Alcúdia organise une visite guidée de la ville, en espagnol, anglais et allemand. *Mai-sept. : merc. et vend. à 10h ; oct.-avr. : merc. seult - 2 € - départ de l'église de Sant Jaume.*
Alcúdia commande l'accès à une langue de terre séparant les baies de Pollença et d'Alcúdia. Enserrée dans ses murailles du 14e s., la ville semble préservée de toute agitation. Se promener dans les rues, en fin de journée, le long des façades dorées, est un plaisir à ne pas manquer. Le soir, plusieurs bars et restaurants de la plaça de la Constitució et de ses alentours immédiats disposent leurs tables en terrasse.
Durant les *germanías*, les familles nobles de Palma se réfugièrent à Alcúdia. Elles emmenèrent avec elles des modes nouvelles que l'aristocratie locale adopta. On remarque cette influence, notamment, dans la décoration des maisons seigneuriales du centre (fenêtres à décoration Renaissance).
De son enceinte fortifiée aux 26 tours, subsistent, remaniées et incorporées aux remparts, la **porte des Moll** ou **de Xara**, qui livre passage à la rue du Port et, de l'autre côté de la ville, la **porte Sant Sebastià** ou **de Mallorca**.
À 1,5 km au sud-est de la ville, d'importantes fouilles archéologiques ont mis en lumière le site de l'ancienne ville romaine de **Pollentia** fondée au 2e s. av. J.-C. De cet important centre urbain restent les ruines du théâtre et du forum *(visites aux mêmes heures que le Musée monographique).*
Musée monographique de Pollentia – *Sant Jaume, 30 - 971 547 004 - oct.-juin : mar.-vend. 10h-15h30, sam.-dim. 10h-13h30 ; juil.-sept. : mar.-dim. 9h-20h - 3 € donnant accès au site archéologique, gratuit 1er dim. du mois.* Installé dans un ancien hospice du 14e s. du vieux quartier d'Alcúdia, ce musée réunit des statues, lampes à huile, bronzes et bijoux trouvés sur le site de l'ancienne ville de Pollentia.

PORT D'ALCÚDIA

C1 *2 km à l'est.*
Artà, 68 - 971 892 615 - avr.-oct. : tlj sf dim. et j. fériés 10h-14h, 16h-18h ; nov.-mars : fermé ; pg Marítim - 971 547 257 - avr.-oct. : tlj sf dim. et j. fériés 9h30-20h30 ; fermé nov.-mars.
Il commande une vaste baie dont la côte a été très construite (hôtels, hautes tours). La baie d'Alcúdia abrite l'une des plus longues plages de l'île, qui s'étire jusqu'à la station de **Can Picafort**.

PARC NATUREL DE S'ALBUFERA

C1 *Avr.-sept. : 9h-18h ; oct.-mars : 9h-17h - fermé 25 déc. et 1er janv.*
Dans l'arrière-pays, la zone marécageuse de s'Albufera abrite de nombreux oiseaux.
Pour y accéder, il est nécessaire de se procurer un permis de visite à l'entrée (gratuit), sur la plage de Muro, au niveau du canal de sa Siurana.
Le parc ne se visite qu'à pied ou à vélo.

Le port d'Alcúdia, Majorque.

La Côte est★★

La Côte est de Majorque, aux reliefs moins impressionnants que la Côte rocheuse, possède une richesse de taille : des grottes sculptées par des milliers d'années d'érosion, aux formes oniriques bien mises en valeur par un éclairage artificiel. Mais la Côte est réserve encore d'autres surprises, comme ses villages talayotiques (14e-1er s. av. J.-C.) et ses belles criques abritées.

▶**Accès :** Artà, point de départ du premier circuit, est situé au nord de la Côte est, à env. 33 km d'Alcúdia par la Ma 12, et à 71 km de Palma par les terres (*via* Manacor).

Plan détachable Mallorca D2-C3.

▶**Conseil :** Prévoir une journée pour parcourir toute la côte et la visite des grottes.

LA CÔTE EST ET LES GROTTES★★

De Artà à Palma, comptez env. 150 km. Circuit tracé en vert anis sur la carte de Majorque, sur le plan détachable, à l'intérieur de la couverture.

ARTÀ

D2 *Carrer Costa i Llobera - ✆ 971 836 981.*

Une butte rocheuse signale ce bourg aux rues étroites où le temps semble s'être arrêté. On distingue de loin sa forteresse, perchée en haut du village.

Forteresse Sant Salvador – Cet ensemble architectural défensif comprenant le sanctuaire de Sant Antoni (19e s.) est accessible de l'église de la Transfiguració par des escaliers. Dès l'époque musulmane (10e-13e s.), une forteresse existait à cet endroit stratégique. Depuis, elle a été agrandie, consolidée et rénovée. Dans le chœur du sanctuaire, une petite statue d'époque romane, en bois polychrome, représentant la Vierge à l'Enfant, est considérée comme l'une des plus anciennes de Majorque.

Église de la Transfiguració – Édifiée aux 16e-17e s., cette église comprend une nef unique. Elle connut de nombreux ajouts au cours des 18e et 19e s., notamment les portails. À l'intérieur, on peut admirer plusieurs retables datant de différentes époques, du 17e s. au 20e s.

Musée régional d'Artà – *L'Estel, 4 - ✆ 971 829 778.* Divisé en trois sections (histoire naturelle, archéologie, ethnologie), ce musée abrite notamment une importante collection d'oiseaux, des vestiges talayotiques retrouvés dans les environs et des outils utilisés par les artisans de la région.

VILLAGE TALAYOTIQUE DE SES PAÏSES

***D2** À 1 km au sud-est d'Artà par une route signalisée, près de l'ancienne gare - ✆ 619 070 010 - avr.-oct. : tlj sf dim. 10h-13h, 14h30-18h30 ; nov.-mars : lun.-vend. 10h-17h, sam. 10h-14h - 2 €.*

Le village de ses Païses est l'ensemble archéologique le plus important de l'est de Majorque. Les éléments les plus anciens dateraient de 1300 à 1000 av. J.-C. et les plus récents du 1er s. av. J.-C., époque à laquelle ses habitants se seraient déplacés vers l'actuelle Artà. On peut y contempler une salle hypostyle, des habitations et la muraille équipée de quatre portes d'accès. *(Pour plus de détails sur la civilisation talayotique, voir p. 150).*

Un autre village talayotique peut également être visité à **sa Canova**, à l'ouest d'Artà, vers Sant Pere.

Prendre la Ma 15 vers Capdepera.

CAPDEPERA

***D2** Accès à la forteresse en voiture par des rues étroites ou à pied par un escalier.*

Les vestiges d'une forteresse du 14e s. ceinturant la colline dressent un étonnant profil de murailles crénelées épaulées de tours carrées. L'enceinte n'abrite plus qu'une **chapelle**. Faites le tour des murailles par chemin de ronde exigu, au ras des créneaux : **vues★** sur la mer et les *calas* des environs.

En traversant la pinède odorante par une route mince et sinueuse en direction du **phare de Capdepera**, on découvre de petites calanques sauvages.

CALA RATJADA

***D2** 1 km au nord-est au bout de la Ma 15.*

La Cala Ratjada, qui abrite dans sa baie étroite un petit port de pêche et de plaisance, est devenue un important centre balnéaire grâce aux criques de ses alentours. Mi-juin, vous pourrez assister au Rock & Tapas Festival.

À 2 km au nord, la **Cala Agulla** possède une plage de sable, rapidement surpeuplée dès le printemps *(accès depuis Cala Ratjada ou depuis Capdepera : parking 4 €/j.).*

Revenir vers Capdepera, prendre la Ma 4040, puis suivre la signalisation pour les grottes d'Artà.

COVES D'ARTÀ★★★

(Grottes d'Artà)

***D2** ✆ 971 841 293 - www.cuevasdearta.com - mai-oct. : 10h-18h ; nov.-avr. : 10h-17h - fermé 1er janv., 25 déc. - 13 € (-6 ans gratuit, 7-12 ans 7 €, CB non acceptée) - visite guidée env. 40mn env. - température : 18 °C.*

Creusées en grande partie par les eaux marines dans le cap qui ferme la baie de Canyamel, ces **grottes** sont accessibles par une route en corniche et ouvrent leur porche monumental à 35 m au-dessus de la mer. Les salles sont impressionnantes par l'élévation de leurs voûtes, la taille et le nombre de leurs concrétions. La fumée des torches utilisées au siècle dernier a malheureusement

Les grottes de la Côte est

Les grottes de la Côte est (Coves del Drach, d'Artà et dels Hams) sont les plus spectaculaires de Majorque. Formées par l'action des eaux souterraines dans le calcaire ou par des effondrements de terrain, elles ont sans doute été utilisées par les premiers habitants de l'île. Les stalactites et stalagmites que l'on peut y admirer forcent l'admiration. L'eau s'infiltre dans le sol et, par la cristallisation des sels, forme des stalactites. Les gouttes, en tombant sur le sol de la grotte, construisent peu à peu des stalagmites. Ces concrétions grandissent à des vitesses très différentes (au mieux 1 cm/an). Patience !

noirci l'imposant vestibule. Dans la salle suivante se dresse la **Reine des colonnes** (22 m). Un éclairage savant (et la diffusion d'un extrait du célèbre *Carmina Burana*) accentue l'aspect dantesque de la salle basse dite « de l'**Enfer** », tandis que, dans la **salle des Drapeaux**, haute de 45 m, les concrétions composent un fabuleux décor.

TORRE DE CANYAMEL

D2 *Ctra Artá-Canyamel, km 5 - ✆ 971 841 134 - www.torredecanyamel.com - mar.-sam. 10h-15h, 17h-20h, dim. 10h-15h - 3 € (-12 ans gratuit). Concerts organisés régulièrement.*

Très joliment restaurée, cette tour carrée crénelée date du 13e s. Vous pourrez voir, sur les 3 niveaux, l'histoire de la tour, une collection d'objets d'artisanat et ethnographiques ainsi qu'une **vue** panoramique sur les alentours depuis les coursives. Une partie des communs abrite le restaurant Porxada de sa Torre *(voir « Nos adresses » p. 99)*.

La route mène à la **platja de Canyamel**, jolie plage de sable gris, où le stationnement, en saison, s'avère difficile.

Revenir sur la Ma 4040 et contourner son Severa par la gauche sur la Ma 4023.

PORTO CRISTO

D2 *Moll - ✆ 971 815 103 - http://portocristo.org - mai-oct. : lun.-vend. 9h-16h ; nov.-avr. : lun.-vend. 9h-15h.*

Joli bourg agrémenté de commerces et d'une petite plage.

Prendre la route de Manacor (Ma 4020), puis à gauche vers les grottes des Hams.

COVES DELS HAMS

(Grottes des Hams)

D2 *Visite guidée (45mn) - ✆ 971 820 988 - www.cuevas-hams.com - avr.-oct. : 10h-16h30 ; nov.-mars : 10h30-16h - fermé 25 déc. - 21 € (enf. 10,50 €).*

Empruntant le lit d'une ancienne rivière souterraine, cette cavité communique directement avec la mer, ce qui donne des phénomènes de flux et de reflux dans plusieurs petits lacs aux eaux claires. Sur le plus grand de ces lacs, el Mar de Venecia, on assiste au spectacle quotidien « Magical Mozart », en hommage au

Cala Figuera, Majorque.

célèbre compositeur. On admire ici la finesse des concrétions, souvent d'une blancheur immaculée, comme les frêles stalactites qui ornent la **salle des Hameçons★**.

Revenir à Porto Cristo et tourner à droite.

COVES DEL DRACH★★★

(Grottes du Drach)

D2 *Ctra Cuevas, s/n - visite guidée (1h) - ☎ 971 820 753 - www.cuevasdeldrach.com - avr.-oct. : visite chaque heure entre 10h et 17h, sf à 13h ; nov.-mars : visite à 10h45, 12h, 14h et 15h30 - fermé 1er janv. et 25 déc. - 14 € (enf. 7 €, CB non acceptée). La température est de 21° C.*

Les grottes du Drach sont impressionnantes par leur taille (1200 m de long et jusqu'à 25 m de profondeur) et par les abondantes concrétions qui s'étirent tout au long du parcours. Les lacs transparents et un éclairage très étudié complètent ce paysage étrange. L'origine marine des grottes ne semble faire aucun doute. Pour le spéléologue **Édouard Alfred Martel**, qui les explora en 1896, le creusement s'est fait par infiltration dans les affaissements et les dislocations du calcaire. Plusieurs lacs ont d'ailleurs une eau légèrement salée. Pour sa part, l'eau de pluie a dissous le calcaire miocène, très tendre, ce qui explique l'abondance des concrétions. « De tous côtés, aux alentours, en avant et en arrière, des cascades marmoréennes, des tuyaux d'orgue, des rideaux de guipure

H. Leue / Photononstop

Grottes du Drach, Majorque.

et des pendeloques de brillants descendent des murailles et des voûtes, à perte de vue », écrit Martel. Les **voûtes** surtout sont étonnantes, tapissées d'innombrables aiguilles de givre aux pointes acérées. Le **lac Martel**, qui dévoile en fin de parcours sa prodigieuse transparence, est l'un des plus grands lacs souterrains du monde (170 m de long), avec une profondeur maximale de 12 m. La vaste salle où il se trouve a été aménagée en amphithéâtre pour un concert de musique classique composé d'un quatuor. Avant de quitter les lieux sur une barque ou par la passerelle, vous aurez le plaisir d'assister à un spectacle de lumières.
Poursuivre vers Santanyí par la Ma 4014, puis tourner à droite dans la Ma 4010.

MONASTÈRE DE SANT SALVADOR★

C3 *✆ 971 836 136 - tte la journée - gratuit.*
Sur une butte à 500 m au-dessus de la plaine *(lacets serrés)*, ce monastère est, après Lluc, le deuxième grand lieu de pèlerinage de l'île. Il offre un immense **panorama★★** sur la partie orientale de Majorque. Le monastère a été fondé au 14e s. L'**église** et les bâtiments réservés aux hôtes pèlerins ont été reconstruits dans le courant du 18e s. Dans la salle d'entrée, on admirera la **Cène** en bois sculpté du 17e s., reproduction de celle du portail del Mirador de la cathédrale de Palma. L'église abrite derrière le maître-autel baroque une **Vierge à l'Enfant** très vénérée. Dans les chapelles de droite, remarquez trois **crèches** en diorama et un **retable** de pierre polychrome, sculpté en bas-relief, représentant des scènes de la Passion (14e s.).
Revenir en arrière sur la Ma 4010 en direction de Portocolom.

PORTOCOLOM

D3 Agréable petit port de pêche et de plaisance, bordé de bars et de restaurants chics et branchés. En se dirigeant vers le phare et sa Punta, on trouve une plage familiale de sable beige (s'Arenal).
Reprendre la Ma 4012. Juste avant Santanyí, prendre à gauche vers Mondragó.

PARC NATUREL DE MONDRAGÓ

C3 *À quelques kilomètres à l'est de Santanyí, Mondragó possède deux entrées : l'une en venant de s'Alqueria Blanca, l'autre de Cala Figuera.*
Centre d'information – *À ses Fonts de n'Alis, en venant de s'Alqueria Blanca - ✆ 971 181 022 - 9h-16h - fermé 25 et 31 déc.*
Centre d'interprétation Can Crestall – *À Santanyí - Llaneres, 8 - ✆ 971 642 067 - merc. et jeu. 8h-15h.*
Déclaré Parc naturel en 1992, Mondragó s'étend sur une superficie de 785 ha. Il abrite plus de 60 espèces d'oiseaux qui trouvent là une halte propice sur la route des migrations. Les paysages sont variés : dunes, falaises, zones humides, etc.
Quelques courtes balades sont proposées aux visiteurs.
Des routes mènent à des criques aménagées en stations balnéaires :

Cala d'Or★, aujourd'hui très équipée pour le tourisme, **Cala Figuera★**, qui a gardé tout son charme de petit port de pêche, et **Cala Santanyí★**.
Revenir à **Santanyí**, un joli bourg aux maisons de pierres dorées.
Prendre la Ma 6100 en direction de ses Salines.
Le long de la route, de jolis petits murets de pierre délimitent les vergers.

SES SALINES

C3 Les rues sont bordées de boutiques et de bars branchés dans des maisons aux pierres dorées.
À partir de ses Salines, on suit la **Ruta Molins de Campos** (route des moulins à vent) dont la plupart sont en bon état. Les ailes des moulins sont colorées de bleu, rouge ou vert.

SALINES D'ES TRENC

C3 *Asprer, 11 - ✆ 971 653 385.*
Depuis l'Antiquité, la fleur de sel est récoltée sur cette plage naturelle de 3,5 km. Au début du 21e s., la société Salines d'es Trenc a innové en intégrant des produits naturels (romarin, marjolaine, thym et origan), afin de proposer une « fleur de sel méditerranéenne ». Un délice! *(boutique Flor de Sal d'es Trenc dans « Nos adresses » p. 111).*
Prendre la Ma 6040 et à Campos emprunter la Ma 19 jusqu'à Llucmajor. Suivre la Ma 5010 au nord en direction de Randa.
De Randa au monastère, construit sur la colline, la route grimpe en lacets serrés.

MONESTIR DE CURA★

C2 *10h-13h, 15h30-18h - fermé dim. et j. fériés - ✆ 971 660 994 - donation vivement encouragée.*
Les bâtiments, occupés par des franciscains depuis 1913, ont été restaurés et modernisés. On visite l'**église** du 17e s., la salle de « grammaire » et un petit **musée**.
De la terrasse aménagée à l'ouest, **panorama★★** sur Palma, sa baie et le Puig Major. Vers le nord-est, la vue porte jusqu'au cap de Formentor.
Poursuivre jusqu'à Palma par Llucmajor (Ma 5010 puis Ma 19A).

LA PLAINE MAJORQUINE

Circuit tracé en violet sur la carte de Majorque, sur le plan détachable, à l'intérieur de la couverture.

MANACOR

C2 ℹ *Pl. Ramon Llull - ✆ 662 350 891 - lun. 9h30-14h, mar.-vend. 9h30-13h30.*
Cité natale du tennisman **Rafael Nadal**, c'est une ville au charme très discret, et dont l'animation se concentre sur les terrasses des café de la plaça sa Bassa. C'est aussi la « capitale de la perle artificielle » dont la fabrication remonte à la fin du 19e s. Sur la route de Palma, plusieurs magasins d'usine constituent la halte obligée des cars de touristes en quête de souvenirs (Oliv'art, Orquidea Pearl Center, Majorica Pearl Center, etc.).
Museu d'Història de Manacor – *Par l'av. dels Ports (rte de Porto Cristo), puis la rte du stade à dte (dir. Cales de Mallorca) sur 600 m - ✆ 971 853 065 - www.museumanacor.org - été : tlj sf*

mar. et dim. 9h30-14h, 18h-20h30 - 16 sept.-14 juin : tlj sf mar. 10h-14h, 17h-19h30, dim. 10h30-13h ; gratuit. Installé dans la tour des Enagistes (17e s.), ce musée présente une collection archéologique retraçant l'histoire locale, de la préhistoire (civilisations naviforme et talayotique) à l'occupation arabe. Le point fort : des **mosaïques★** provenant du site paléo-chrétien de son Peretó, notamment celle de Balesia. Dans une salle de l'autre côté de la cour, collection de mobilier miniature réalisée par un artisan local.
Quitter Manacor par la Ma 15 en direction de Palma.

ELS CALDERES DE SANT JOAN★★ À VILAFRANCA DE BONANY

C2 *Accès par une route signalisée juste après Vilafranca (2 km) - ✆ 971 526 069 - avr.-oct. : 10h-18h ; nov.-mars : 10h-17h - 8,50 €.*
Cette *finca* (ferme) seigneuriale occupe une demeure de 1750, dont l'état actuel remonte aux aménagements apportés par Francisco Juan de Sentmenat, grand amateur d'art majorquin, au milieu du 19e s. Aménagée autour d'un patio luxuriant, elle permet de découvrir le raffinement de la vie aristocratique d'autrefois sur l'île, à travers une quinzaine de pièces d'apparat ou d'habitation, luxueusement meublées et décorées (tableaux, céramiques...). Après avoir traversé le grenier (exposition d'outils agricoles) et les espaces dévolus aux employés – remarquez le bureau du *mayoral*, ou administrateur du domaine –, la visite s'achève dans la « cuisine paysanne » *(cocina de los payeses)* où l'on ne manquera pas de déguster la soubressade maison, avant d'aller admirer dans leur enclos des animaux de la ferme typiquement majorquins (ânes, porcs noirs, etc.)

MONTUÏRI

C2 Juché sur une colline, ce village est dominé par plusieurs moulins à vent.
Museu son Fornés – *C. Emili Pau - ✆ 971 644 169 - mars-oct. : lun.-vend. 10h-17h ; nov.-fév. : lun.-vend. 10h-14h - 3,50 € (-12 ans gratuit).* Installé dans un moulin à vent, à l'entrée du village, ce musée didactique propose, à l'aide de panneaux explicatifs et d'objets mis au jour lors des fouilles, une interprétation du site de son Fornés. À 2,5 km de là, on peut découvrir un village d'époque talayotique qui fut occupé jusqu'à la fin de la période romaine.
Reprendre la Ma 15 vers Palma.

GORDIOLA, VIDRIOS DE ARTE

(Art du verre)
B2 *Sur la Ma 15, ctra Palma-Manacor km 19, à hauteur d'Algaida - ✆ 971 665 046 - www.gordiola.com - lun.-sam. 9h-19h, dim. et j. fériés 9h30-13h30 ; atelier : lun.-sam. 9h-13h30, 15h-18h, dim. et j. fériés 9h30-13h30 - gratuit.* Installé dans un manoir datant de 1719, le lieu dispose d'une grande salle voûtée où l'on peut voir à l'œuvre les souffleurs de verre. Le tout étant prétexte à parcourir la salle d'exposition et de vente des produits maison.

Île de Minorque★★

(Isla de Minorca)

Minorque a davantage réussi à rester en dehors des grands courants touristiques et à préserver d'un aménagement abusif son beau littoral, parsemé de criques aux eaux cristallines et de petits villages pittoresques. L'île réunit tous les ingrédients pour passer de merveilleuses vacances : un site magnifique, du soleil, des sports nautiques, des ressources hôtelières importantes et une gastronomie savoureuse.

▶**Accès :** L'île de Minorque est la plus orientale des quatre îles Baléares, elle s'étend sur 702 km^2.

Plan des îles p. 19 D1. Plan détachable Menorca dans la couverture.

▶**Conseil :** Minorque peut être visitée en trois jours. Ne manquez pas les deux villes principales, Maó et Ciutadella, les sites talayotiques et le cap de Favàritx.

www.menorca.es.

UNE ÎLE CONVOITÉE

Après la période talayotique, Minorque est colonisée par les Romains avant de subir la conquête vandale en 427, puis la domination musulmane. Au 13e s., Alphonse III d'Aragon envahit l'île et la repeuple de Catalans et d'Aragonais. Ciutadella est alors la capitale. Elle subit au 16e s., après Maó, l'incursion des Barbaresques. Les deux villes sont pratiquement rasées. L'année 1558, notamment, avec un raid au cours duquel nombre d'habitants de Ciutadella sont capturés et emmenés en esclavage, est restée dans toutes les mémoires comme l'**any de la desgràcia** (année du malheur).

À la fin du 17e s., le commerce maritime enrichit l'île, qui, en 1713, est cédée à l'Angleterre par le traité d'Utrecht. L'Angleterre fait de Maó sa principale base économique en Méditerranée. La domination britannique dure tout le 18e s., sauf un court intermède français de 1756 à 1763. De nombreux édifices sont élevés ; un gouverneur éclairé, **Richard Kane**, construit la première route de l'île entre Maó et Ciutadella (*Camí d'en Kane,* au nord de la route Me 1).

Au début du 19e s., Minorque revient définitivement à l'Espagne.

Petit à petit, l'économie de l'île s'oriente vers l'industrie du cuir et la bijouterie, tandis que l'agriculture se spécialise dans l'élevage bovin, dont on tire fromages (le fameux **Maó-Menorca** qui jouit aujourd'hui d'une Appellation d'origine contrôlée) et autres produits lactés.

A. Leiva / age fotostock

Cala Macarella, Minorque.

MINORQUE AUJOURD'HUI

Minorque est la 2e des îles Baléares par sa superficie et sa population, et la plus éloignée de la péninsule. Longtemps isolée en raison de sa mise en quarantaine par Franco (contrairement à Majorque, l'île était en effet restée fidèle à la République pendant toute la durée de la Guerre civile... si bien que les franquistes ne s'en emparèrent que le 10 février 1939), Minorque est sortie de son long sommeil, à qui elle doit d'avoir échappé au tourisme de masse des années 1960, et a pu ainsi mieux préserver ses côtes.

Les habitants, désireux de partager l'amour qu'ils portent à leur île, ont volontiers accepté les changements survenus à l'époque contemporaine avec l'éveil de l'industrie touristique. Ils se montrent très accueillants et souvent intarissables sur leur village, leur passé préhistorique, leur gastronomie ou leurs plages, qui n'ont rien à envier à Majorque. Déclarée en 1993 par l'Unesco réserve de biosphère, Minorque s'attache donc à préserver ses écosystèmes, tout en développant une offre touristique plutôt raisonnée.

Ciutadella★

Entrer dans Ciutadella par la mer est le meilleur moyen d'aborder la ville, son ambiance tranquille et son histoire. Elle doit son charme indéfinissable à l'atmosphère qui règne dans les ruelles de son quartier ancien et dans le port. Ses palais et ses maisons seigneuriales des 17e et 18e s., symboles de la richesse des nobles et des grands propriétaires terriens, sa cathédrale imposante et ses rues étroites en font une halte agréable.

▶**Accès :** Ciutadella est située à l'extrémité ouest de l'île, à 46 km de Maó.
Plan détachable Menorca J1.
▶**Conseil :** La ville peut être visitée en deux heures, sans oublier une balade dans les rues à la tombée de la nuit. **Centre-ville** – *Ajuntament - pl. del Born - ✆ 971 484 155 - www.illesbalears.es, www.menorca.es, www.ciutadella.org.* **Port** – *Moll (quai) Nord - ✆ 971 329 015.* **Visites guidées** – Le tour des maisons seigneuriales a lieu tous les matins, en espagnol, anglais et allemand. *Rens. : ✆ 971 484 155.*

UNE CITADELLE

Au Moyen Âge, la « citadelle », alors capitale de l'île, était entourée de remparts ; démolis en 1873, il en subsiste le tracé, qui a été repris par la couronne d'avenues entourant le quartier ancien. L'aspect fortifié apparaît encore très bien quand on découvre la ville depuis le port. Attaquée au 16e s., elle fut en partie reconstruite à la fin du 17e s. et au 18e s.

LE PORT

C'est le meilleur endroit pour accéder à la ville. Bien abrité, il s'agit surtout aujourd'hui d'un **port de plaisance**. Restaurants et cafés occupent les maisons qui bordent les quais. Au-delà, la grande esplanade, pla de Sant Joan, où se déroulent la fête de la Saint-Jean, est encadrée d'abris à bateaux creusés dans le roc. Ce quartier s'anime surtout la nuit. Une rampe d'accès, qui emprunte une ancienne contrescarpe, mène à la ville haute.

QUARTIER ANCIEN

La **plaça del Born**, ancienne place d'armes, est dominée par un obélisque datant du 19e s., édifié à la mémoire des habitants de Ciutadella ayant résisté aux Turcs en 1558, avant d'être contraints de se rendre. Les Ottomans avaient alors emmené près de 4000 prisonniers à Constantinople. À l'ouest de la place se dresse l'**hôtel de ville** (Ajuntament), ancien palais royal à la façade éclectique du 19e s. Le bastion du Gouverneur, d'où l'on a une belle vue sur le port, et le salon gothique peuvent être visités *(lun.-vend., le*

Ciutadella, Minorque

Pizzería
Arrocería
PAELLAS

mat.). De l'autre côté de la place, le palais **Torre Saura** (début du 19e s.) avec ses deux loggias latérales et, à côté, la **Can Salort** *(visite possible).*

CASTELL DE SANT NICOLAU

Pl. de l'Almirall Farragut, au bout du passeig de Sant Nicolau. ✆ 971 484 155 - juin-oct. 10h-13h, 17h-22h - gratuit.

Le château fut construit à la fin du 17e s., avant l'occupation anglaise, afin de défendre le port. L'entrée est ornée du blason de la couronne d'Aragon et d'autres blasons, plus petits, de l'université de Minorque et du gouverneur de l'île de l'époque. Le rez-de-chaussée était utilisé pour conserver des vivres, des armes et des munitions. C'est également là que vivaient les soldats. Un escalier en colimaçon, près de la porte d'entrée, permet d'accéder à l'étage supérieur puis au sommet de la tour.

En revenant sur vos pas par le sud de la vieille ville, remarquez, dans la carrer del Santissim, la façade de la **Can Saura**, décorée d'une corniche du 17e s., et le palais plus sobre de **Martorell**.

MUSEU DIOCESÀ

(Musée diocésain)

Seminari, 7 - ✆ 971 481 297 - juin -oct. : mar.-sam. 10h30-13h30 ; nov.-avr. : tél pour la visite - fermé sam.-lun. - billets combinés avec la cathédrale et les concerts d'orgue.

M. Ansaloni / hemis.fr

Naveta des Tudons, Minorque.

Abrité dans le beau cloître del Socors, il rassemble des objets archéologiques, des pièces d'orfèvrerie, des peintures des 17e et 18e s., ainsi qu'une collection importante d'œuvres du peintre minorquais Pere Daura (1896-1976).

CATHÉDRALE

971 382 693 - lun.-sam. 10h30-13h30, 16h-19h - 2 € (cathédrale seule), 4 € (cathédrale avec concert d'orgue et accès à différentes chapelles) ou 6 € (avec l'accès au palais épiscopal et au Musée diocésain).
Cette majestueuse église fortifiée impose sa présence, au centre de l'une des places de la vieille ville. Terminée à la fin du 14e s., elle a conservé une partie du minaret de la mosquée qui se trouvait à cet emplacement. À l'intérieur, nef unique de style ogival et abside pentagonale. En face de la cathédrale, dans la carrer del Roser, l'église du même nom présente un portail baroque. Dans la carrer del Bisbe se trouve le palais épiscopal **(Cal Bisbe)** de style néoclassique.

EXPOSITION PERMANENTE PINTOR TORRENT

Sant Rafael, 11 - rens. au 626 558 126 - gratuit.
José Torrent Prats, alias **Pepe Torrent** (1904-1995) est un peintre surnommé localement le « Van Gogh minorquin ». Sa ville natale lui consacre une importante collection de dessins et peintures, régulièrement enrichie par des donations de ses héritiers, et exposée grâce à la très active Association des amis du peintre Torrent.

MUSÉE MUNICIPAL

Bastió de sa Font, pl. de sa Font - 971 380 297 - mai-sept. : tlj sf lun., dim. et j. fériés 10h-14h, 18h-21h ; nov.-avr. : 10h-14h - 2,25 € (-12 ans 1,13 € ; merc. gratuit).
Installé dans l'un des cinq bastions (17e s.) de l'ancienne muraille, le Musée municipal présente l'histoire de l'île depuis la préhistoire jusqu'à son intégration à la couronne d'Aragon, en 1287. Nombreux ustensiles et objets trouvés dans les grottes de l'ouest de l'île.

À PROXIMITÉ

PEDRERES DE S'HOSTAL - LITHICA★

(Carrières de s'Hostal)
J1 *1 km de Ciutadella par la Me 1 vers Maó (signalisation).*
Camí Vell, 1 - 971 481 578 - www.lithica.es - juil.-août : 9h30-14h30, 16h30-coucher du soleil, dim. 9h30-14h30 ; avr.-juin et sept.-oct. : 9h30-coucher du soleil, dim. 9h30-14h30 - 4 € (-10 ans gratuit)- gratuit de fin oct. à la Semaine Sainte.
Ce lieu très étonnant est une ancienne carrière de marès (sorte de grès) dont l'exploitation a cessé en 1994, après plus de 200 ans de bons et loyaux services.
Grâce à l'action de l'association Líthica, le lieu est aujourd'hui ouvert à la visite. La carrière se divise en

deux parties : celle, ancienne, qui fut exploitée à la force des bras et qui abrite désormais un circuit botanique, et celle, plus récente, aux profondeurs vertigineuses, dont les murs sont marqués par les griffes des machines. Le lieu accueille des ateliers de sculpture et des événements tels que la fête de la pleine lune, en août.

NAVETA DES TUDONS★★★

J1 *5 km à l'est de Ciutadella, vers Maó - ctra Maó, km 40 - 971 365 630 - www.menorcamonumental.net - lun.-mar. 9h-14h, merc.-dim. 9h-19h30 - 2 € (8-15 ans 1,20 € ; -8 ans, lun. et du 25 oct. à la sem. sainte gratuit).*

Ce monument funéraire (« le plus ancien monument d'Espagne », affirme-t-on sur place), en forme de nef renversée, impressionne par les dimensions des pierres de ses murs et, surtout, par celles des dalles qui recouvrent la salle intérieure.

CALAS

(Calanques)

J2 **Cala Santandria**, à 3 km au sud de Ciutadella, est une crique agréable. Plus au sud, vous pourrez découvrir d'autres criques, superbes, comme **Cala Turqueta**, **Cala Macarella** et **Cala Macarelleta**.

Ces trois plages, entourées de pinèdes, ne sont pas accessibles en voiture. Elles nécessitent entre 10 et 15mn de marche à partir des parkings aménagés. Attention, certaines routes d'accès sont très mauvaises. Vous pouvez aussi emprunter le sentier littoral aménagé entre son Xoriguer, plus à l'ouest, et Cala Santa Galdana.

Pour ceux qui souhaitent se garer à proximité de la plage, **Cala Santa Galdana** est une magnifique calanque aux eaux limpides encadrée de hautes falaises. Elle a malheureusement été défigurée par la construction de grands hôtels.

On peut aussi y accéder à pied par le **ravin (barranc) d'Algendar** *(le chemin débute à la sortie de Ferreries, à gauche en allant vers Ciutadella)*. Le sentier *(3h AR)* suit le torrent au fond du ravin qui, à certains endroits, passe entre des parois hautes de 50 m.

Maó★★ et le tour de l'île

(Mahón)

Les monuments les plus intéressants se trouvent autour de la plaça d'Espanya, une vaste place tranquille reliée par un réseau de rues commerçantes à la plaça Bastió, grand centre animé avec ses cafés et restaurants. Le reste de l'île mérite également le détour. De la rade stratégique de Maó (prononcer « Mó ») aux criques de sable fin de la côte sud en passant par les paysages découpés de la côte nord, où domine le gris des ardoises, les différents visages de Minorque se laissent découvrir avec plaisir, loin du tumulte que connaissent ses voisines, Majorque et Ibiza.

▶**Accès :** Maó se situe à l'est de l'île de Minorque.

Plan de la ville p. 70. Plan détachable Menorca L2.

▶**Conseil :** Se balader au phare de Favàritx un jour de tempête ou faire un plongeon dans les eaux limpides de Cala Macarella. **Port** – *Moll de Llevant, 2 - ✆ 971 366 935 - tlj sf mar. 8h-21h, lun. 9h-19h.* **Centre-ville** – *Pl. Constitució, 22 - ✆ 971 363 790 - 8h-15h.* **Aéroport** – *✆ 971 157 115.*

AUTOUR DE LA PLAÇA D'ESPANYA

ÉGLISE DE SANTA MARÍA

B1 *Pl. de la Constitució.*
Cette grande église baroque, qui domine tout le quartier, abrite un bel orgue, à admirer lors des concerts donnés en été *(chaque jour à 11h).*

EL CARME

B1 *Pl. del Carme.*
Cette église baroque faisait partie d'un couvent de carmélites. Elle a été fort endommagée, en particulier pendant la guerre civile. Le vaste cloître abrite aujourd'hui le **marché** (mercat) le plus animé de la ville. Très coloré, c'est l'un des meilleurs endroits pour acheter le fameux fromage de Minorque.

MUSEO DE MENORCA

(Musée de Minorque)
A1 *Av. de Guàrdia - ✆ 971 350 955 - ♿ - été : mar.-sam. 10h-14h, 18h-20h30, dim. 10h-14h ; hiver : mar.-vend. 9h30-14h, sam. et dim. 10h-14h - 2,40 € (-18 ans gratuit - gratuit sam. apr.-midi et dim.).*
Le musée est installé dans un ancien couvent franciscain baroque, autour du sobre cloître du 18e s. Il couvre différentes périodes de la préhistoire et de l'histoire minorquaise. Remarquez surtout les salles consacrées à la culture talayotique, aux échanges méditerranéens et aux époques musulmane et byzantine.

LE PORT

B1 Descendez par l'abrupte rampe de ses Voltes, coupée d'un **escalier majestueux**, puis suivez le quai jusqu'à la rive nord de la rade. Là, on découvre la ville sous son aspect le plus caractéristique avec ses immeubles coiffant la falaise et, en contrebas, plaqués contre la paroi, ses guinguettes, ses restaurants, ses boutiques et ses maisons de pêcheurs.

Une ville britannique

Rappelons que Minorque avait été cédée à l'Angleterre par le traité d'Utrecht en 1713 et que les Britanniques avaient fait de Maó leur principale base économique en Méditerranée jusqu'en 1782. Cette occupation se signale par quelques influences dans l'architecture urbaine, comme les fenêtres à guillotine.

La ville apparaît établie sur une falaise au fond d'une rade profonde de 5 km. Cette langue de mer, qui facilitait la protection du port et de la ville, a durant des siècles attisé les convoitises des puissances européennes, d'autant plus que l'île se trouvait au carrefour des voies maritimes entre l'Europe du Sud et l'Afrique du Nord.

*Le **site★**, remarquable, se découvre idéalement par bateau. Plusieurs compagnies proposent un tour du port avec arrêts possibles en divers points de la rade. 12 €/pers. (3-12 ans 6 €). Départs entre 10h et 15h30. Rens. sur place, en bas de la Costa de ses Voltes.*

Trans-World Photos / age fotostock

Talatí de Dalt, Minorque.

À PROXIMITÉ DE MAÓ

RIVE NORD DE LA RADE★

En suivant la rive nord jusqu'à la forteresse de la Mola, la route offre des échappées sur Maó.

FORTALESA ISABEL II - LA MOLA

(Forteresse Isabel II - La Mola)

L2 *✆ 971 364 040 - www.fortalesalamola.com - mai : mar.-dim. 10h-18h ; juin-oct. : mar.-dim. 10h-20h ; reste de l'année : mar.-dim. 10h-17h - fermé 1er janv., 24, 25 et 31 déc. - 8 € (12-16 ans 5,50 €, -12 ans gratuit) ; audioguide 3 €.*

Cette forteresse fut construite entre 1848 et 1875 afin d'éviter une nouvelle attaque des Britanniques, désireux de faire de Minorque leur base de défense contre les Français. Le contrôle de la Méditerranée était alors l'un des grands enjeux de la géopolitique mondiale. Aujourd'hui, il existe plusieurs façons de visiter le fort : une visite guidée (1h30, réserv. conseillée), une visite guidée à vélo qui fait le tour des fortifications et descend dans les galeries souterraines (2h30, 6 km, réserv. obligatoire), une randonnée combinant la forteresse et le paysage rural alentours (3h, réserv. obligatoire), enfin une excursion en 4x4 (2h, réserv. obligatoire). On peut également voir le canon Vickers (30mn, réserv. conseillée) et faire une promenade à cheval (2h, réserv. obligatoire, mini 4 pers. pour pers. expérimentées).

RIVE SUD DE LA RADE★

Sur la rive sud, calanques et villages se succèdent : **Cala Figuera** avec son port de pêche et ses restaurants, puis **es Castell**, construite par les Anglais comme ville de garnison sous le nom de Georgetown et dont le plan en damier est structuré autour de la place d'armes.
Les vues en balcon sur la **rade** permettent de découvrir l'île de Lazaret et, à côté, celle de la Cuarentena où, comme son nom l'indique, les marins étaient mis en quarantaine.

TALAYOT DE TREPUCÓ★

L2 *1 km au sud de Maó, camino de Gràcia - ✆ 971 368 678 - www.menorcamonumental.net - entrée libre.*
Ce village talayotique de 5 000 m^2 aurait été abandonné durant la deuxième guerre punique (autour de 200 av. J.-C.). Mis au jour en 1931, il conserve quelques vestiges de sa muraille (tours de défense), deux *talayots* et une *taula* haute de 4,80 m, en grande partie reconstituée vers 1970.

FORT DE MARLBOROUGH

L2 *5 km au sud-est le long de la rade. Quitter Maó par la Me 2l vers es Castell puis Cala Sant Esteve.*
Cala Sant Esteve - ✆ 971 360 462 - lun. et mar. 10h-15h, merc.-dim. 9h30-19h30 - 3 € (8-15 ans 1,80 €, -8 ans et lun. gratuit).

Construit par les Anglais entre 1710 et 1726 pour protéger l'entrée du port de Maó, le fort fait partie d'un ensemble défensif comprenant le château de San Felipe et la tour de Stuart dite aussi d'En Penjat. Il fut édifié presque uniquement en creusant des **galeries souterraines**. La visite de ces longs tunnels est impressionnante.

LA POINTE SUD-EST DE L'ÎLE

SANT LLUÍS

L2 *6 km au sud par la Me 8.*
Ce bourg aux rues étroites fut fondé en 1761 par le comte de Lannion durant la brève présence française dans l'île.

SE RESTAURER
Can Pota 23
Cristanal y Gradinata 21
Es Marivent 28
Jàgaro 57
La Minerva 32
Sa Bodega 63

PRENDRE UN VERRE
Gallery 5

SE LOGER
Casa Albertí 29
Le Petit Spa Capri 31
San Miguel 30

Molí de Dalt (d'en haut) – *✆ 971 151 004 - lun.-vend. 10h-14h, 18h-20h, sam.-dim. 10h-13h - 1,20 € (12-18 ans 0,60 €).* Restauré en 1987, ce moulin à vent accueille aujourd'hui un point d'information touristique et un musée ethnologique.

De petites stations balnéaires ont été aménagées à proximité : **Alcalfar**, à l'est, dont les villas sont disséminées à l'arrière de la côte et le long d'une crique entre deux avancées rocheuses, et **Binibèquer Vell**, au sud, un petit village créé de toutes pièces au début des années 1970 par des promoteurs, qui évoque par sa blancheur, ses ruelles étroites et ses placettes, un ancien hameau de

pêcheurs. Belle plage de sable blanc à proximité.

PUNTA PRIMA

L2 Voici l'une des plages les plus agréables pour la baignade, facilement accessible, d'une taille raisonnable et dotée de toutes les infrastructures nécessaires. Une belle route en bord de mer relie Biniancolla et Binibèquer.
L'îlot au large de la plage de Punta Prima est un endroit d'une beauté naturelle et sauvage où s'élève le phare de l'Illa de l'Aire.

GROTTES ET TALAYOTS VERS CALA EN PORTER

Quitter Maó à l'ouest par la Me 1 en direction d'Alaior. Après 3 km, une petite route signalisée à gauche conduit à Talatí de Dalt.

TALATÍ DE DALT★

L2 *www.menorcamonumental.net - sem. sainte-oct. : 10h-jusqu'au coucher du soleil - 4 € (-8 ans gratuit), nov.-Sem. sainte : entrée libre.*
Un des villages préhistoriques les plus remarquables de l'île. Il fut habité jusqu'à l'époque romaine, puis utilisé de manière épisodique jusqu'au 13e s. Il aurait abrité une centaine de personnes au maximum. Composé d'un *talayot* central, de maisons et de grottes naturelles (utilisées à des fins funéraires), le village est également célèbre pour sa *taula* surprenante, qui se distingue par une pierre adossée à la base du T. *(Sur la civilisation talayotique, voir aussi p. 150).*

CALA EN PORTER

K2 *Revenir en arrière, prendre la Me 14 à droite, puis encore à droite la Me 12.*
Face à une étroite baie, abritée par deux promontoires élevés, cette plage de sable est située dans un estuaire encaissé. Les habitations s'accrochent à gauche sur la falaise.
Cova d'en Xoroi – *Urb. Cala'n Porter - ✆ 971 377 236 - www.covadenxoroi.com - été : 11h30-22h ; reste de l'année : 11h30-16h50, 17h-21h - 12,50 €, 1 boisson comprise.*
En haut du plateau, les grottes d'en Xoroi sont d'anciennes habitations troglodytiques ouvrant sur la mer. Ne manquez pas le coucher du soleil, depuis le café installé sur la falaise au-dessus des flots. Un cadre exceptionnel, où sont organisés des concerts et la discothèque le week-end ! *(voir « Nos adresses » p. 115).*

CAPS ET LAGUNES AU NORD DE MAÓ

Depuis Maó, prendre la Me 7 en direction de Fornells, puis la Me 5 vers es Grau.

PARC NATUREL DE S'ALBUFERA D'ES GRAU★

L1 **Centro de recepción-interpretación Rodríguez Femenias** – *Ctra Maó-es Grau km 3,5 déviation Llimpa - ✆ 971 356 302/609 601 249 - ♿ - lun.-vend. 9h-15h - visite guidée 2h, se rens. par tél.*
À côté d'**es Grau**, joli village blanc aux volets verts doté d'une longue plage, s'étend une vaste lagune, s'Albufera d'es Grau, sur 2 km de long et 400 m

de large. Le **Parc naturel** de 5000 ha qui la protège comprend également l'île d'**en Colom**, au large d'es Grau, et le cap de Favàritx. C'est un endroit idéal pour observer les différents oiseaux migrateurs (canards, râles, hérons, cormorans, aigles pêcheurs...) qui y font halte. La meilleure saison se situe entre octobre et décembre. Les paysages de s'Albufera, très variés et issus d'époques géologiques différentes, sont couverts essentiellement d'oliviers et de chênes verts. Les zones dunaires sont également importantes.

Depuis le centre Rodriguez Femenias, vous pouvez effectuer 3 randonnées : sa Gola, Santa Madrona et Llimpa.

Revenir sur la Me 7 et continuer vers Fornells. Après 7 km, une petite route à droite conduit au cap de Favàritx.

CAP DE FAVÀRITX★★

L1 Le cap de Favàritx, recouvert d'ardoise noire, est un lieu exceptionnel à ne pas manquer. L'ardoise, en reflétant les rayons du soleil, prend des teintes grisées étonnantes. Le cap est continuellement balayé par les vents, en particulier par la tramontane, et son sol est riche en fossiles de crustacés et de petits animaux marins.

AU CENTRE DE MINORQUE

Circuit de 90 km de Fornells à Ferreries, tracé en violet sur la carte de Minorque sur le plan détachable, à l'intérieur de la couverture. Une journée environ.

FORNELLS

K1 *Major, 57 - ✆ 971 376 412 - www.menorca.org -mai-sept. : tlj sf lun. 9h30-14h, 17h-19h, dim. 9h-14h ; avr. et oct. : tlj sf lun. 9h-15h - fermé nov.-mars.*

Ce charmant port de pêche aux maisons blanches agrémentées de volets verts est situé à l'entrée d'une très profonde calanque, refuge des pêcheurs, bordée par des landes à la végétation rase. Fornells vit de la pêche à la langouste qui se pratique avec des petits bateaux à voile unique. La promenade maritime est très agréable et chaque restaurant propose la *caldereta*, une soupe de langouste, spécialité très recherchée des gastronomes.

G. Azumendi / age fotostock

Es Calo des Moro et es Grau, Minorque.

Torre de Fornells – *De fin mars à fin oct. : tlj 10h15-15h30 - 2,40 € (8-16 ans 1,45 €; -8 ans et lun. gratuit).* Située à l'écart des habitations, la tour fut construite au début du 19e s. par les Britanniques. L'entrée principale, au 1er étage, était rendue possible par l'utilisation d'une échelle. Ouverte au public, on y découvre la reproduction de la vie d'une garnison militaire de l'époque.
La tour complétait la défense prévue par le château de San Antonio (17e s.), dont on peut visiter les vestiges *(entrée libre).*
Quitter Fornells au sud par la Me 15, puis à droite après 4 km.

CAP DE CAVALLERIA

K1 En suivant les routes qui mènent à cette pointe, la plus septentrionale de l'île, on découvre des paysages de landes balayées par la tramontane et de grandes et belles maisons blanches *(finca)*, comme celle de **Santa Teresa** qui abrite un écomusée.
Écomusée du cap de Cavalleria – *971 359 999 - www.ecomuseodecavalleria.com - juil.-sept. : 10h-20h30; avr.-juin et oct. : 10h-19h - fermé nov.-Sem. sainte - 3 € (-8 ans gratuit).* Ce musée présente les paysages de la région, la botanique, la faune, les coutumes et l'artisanat, ainsi que les sites archéologiques du nord de l'île. Bar et boutique.
Depuis cette *finca*, plusieurs sentiers mènent aux vestiges de la cité romaine **Sanisera**, établie vers la fin du 1er s. av. J.-C., où des recherches archéologiques sont en cours; à la **Torre Anglesa** (1800), une des 11 tours défensives de l'île, et jusqu'au tranquille petit port naturel de **Sanitja**.
Pour gagner le phare, suivre la route et franchir la barrière (à refermer après votre passage).
Du **phare de Cavalleria** (1857), le plus ancien de l'île encore debout, la **vue★** s'ouvre sur la côte rocheuse et les calanques : un paysage qui évoque plus la Bretagne que la Méditerranée!

CALA DE CAVALLEIRA

K1 En repartant vers es Mercadal, laissez votre voiture sur le parking, à droite de la route. Un petit sentier, suivi d'un escalier en bois, permet d'atteindre une très belle plage au sable doré, entourée de roches rouges.
En retrait de la plage, on peut observer un curieux rituel : les baigneurs viennent s'enduire de terre rouge humide, qui sèche assez rapidement. Ensuite, ils se rincent dans l'eau de mer. C'est, selon les habitués de l'endroit, excellent pour la peau, mais attention : cette espèce de boue (particulièrement salissante pour les vêtements) est plus que difficile à faire partir, sauf à piquer une tête dans la mer.
Redescendre à es Mercadal.

ES MERCADAL

K1 *www.aj-esmercadal.org.*
Située à mi-chemin entre Maó et Ciutadella, cette petite ville séduit par ses rues bordées de maisons d'un blanc immaculé et par la rivière qui la traverse. Elle est le point de départ

Phare du cap de Favàritx, Minorque.

de routes menant vers les côtes nord et sud.

Citerne *(Aljibe) – Pla de ses Eres - entrée libre.* Impressionnante par ses dimensions, 20 m par 40 m de long sur 9 m de haut, elle peut recueillir plus de 270 l d'eau. Elle fut construite au 18e s. sous la domination britannique afin de ravitailler en eau les troupes établies sur l'île. Elle permet encore aujourd'hui d'approvisionner la ville d'es Mercadal en eau potable.

Centre Artesanal de Menorca - Recinte Firal des Mercadal – *C. Metge Camps, s/n - ✆ 971 154 436 - www.artesaniademenorca.com - mai-oct. : lun.-vend. 10h-14h, 17h-20h (jeu. 19h) ; nov.-avr. : lun.-vend. 10h-14h ; tte l'année : sam. 10h-13h30.*

L'exposition permanente présente les différents métiers de l'artisanat de Minorque, complétée par une vidéo. Des expositions temporaires et des ateliers sont organisés au 1er étage (boutique au rez-de-chaussée).

On peut apercevoir, depuis la route de Maó, l'ancien moulin à farine **sa Farinera de s'Arangí** (1905-1999) repérable à sa cheminée de briques. Il fut réhabilité en centre commercial mais est aujourd'hui à l'abandon.

MONTE TORO★★

***K1** 4 km à l'est.*

Du sommet (358 m), occupé par le **sanctuaire de la Mare de Déu del Toro** (la patronne de Minorque), la **vue★★** s'étend sur toute l'île par temps clair. On distingue bien, au nord, la baie de Fornells minutieusement découpée, au sud, les falaises calcaires qui donnent au rivage son tracé rectiligne et, au sud-est, Maó.

Empruntez le camí d'en Kane pour rejoindre Alaior.

Le **camí d'en Kane**, première route qui reliait Maó à Ciutadella, tient son nom du gouverneur anglais qui la fit tracer.

ALAIOR

***K2** ℹ www.alaior.org (mairie).*

La ville a longtemps vécu autour de l'agriculture et du fromage (voir encadré ci-contre). Elle s'oriente davantage, aujourd'hui, vers le secteur tertiaire et industriel, mais reste présente sur le plan artisanal.

L'église récemment restaurée de **Santa Eulàlia**, réédifiée vers la fin du 17e s., se présente comme une église fortifiée, assez massive, qui contraste avec un intérieur de style gothique tardif. Dans la carrer Major, au no 11, on peut voir la Casa Consistorial (17e s.) et le bel escalier de son patio.

Cimetière municipal – *Avr.-sept. : 8h-19h30 ; oct.-mars : 8h-18h.* Ceinturé d'un mur peint à la chaux, il comporte trois enceintes, moderne, nouvelle et ancienne, qui invitent à la promenade. Aux alentours se trouvent les principales fromageries de l'île.

Depuis Alaior, prendre la direction de son Bou, au sud, et suivre après 2,5 km, à gauche, en Galmès.

TORRE D'EN GALMÈS★★

***K2** Ctra son Bou - ✆ 971 365 630 - www.menorcamonumental.net - de mi-avr. à fin oct. : mar.-sam. 9h30-20h, dim. 9h30-15h, lun. accès libre ; de fin*

mars à mi-avr. : mar.-dim. 9h30-15h, lun. accès libre - 3 € (8-16 ans 1,80 € ; -8 ans et lun. gratuit) ; nov.-Sem. sainte : accès libre au village, le kiosque d'information étant fermé. Ce village talayotique est un des plus grands de l'île. Situé au sommet d'une colline, on jouit d'un panorama extraordinaire. Remarquez la *taula* et la muraille entièrement conservée, la seule, sur l'archipel des Baléares.
Revenir sur Alaior et prendre la Me 1 vers Ciutadella puis, à gauche, la Me 16 et la Me 18.

ES MIGJORN GRAN

K2 *www.ajmigjorngran.org.*
Petit village paisible, construit en damier autour de l'église de San Cristóbal (1768), avec ses rues étroites ornées de maisons blanches qui forment un bel ensemble architectural.
Suivre la Me 20 vers Ciutadella sur 7 km.

FERRERIES

K1 Un gros bourg aux petits immeubles blancs ponctués de volets verts.
Hort de Sant Patrici★ – *À 1 km de Ferreries, camí de Sant Patrici - ✆ 971 373 702 - www.santpatrici.com - mai-oct. : lun.-sam. 9h-13h30, 16h30-20h ; nov.-avr. : tlj sf dim. 9h-13h, 16h-18h, sam. 9h-13h - 4,50 € avec audioguide (-15 ans gratuit), visites + dégustation 7 € (-15 ans 3,60 €), visites guidées à 10h lun.-mar., jeu. et sam. (hiver : sam. seult) sur réserv. 7 € (-15 ans gratuit).*
Cette propriété *(finca)* se compose de plusieurs bâtiments.
La visite commence par l'histoire de l'entreprise et la présentation de la **fromagerie** artisanale du queso de Maó-Menorca, à travers des documents, des outils et une projection vidéo. Elle se poursuit par l'affinage de la production locale (les mar. jeu. et vend. entre 9h et 11h, il est possible d'assister à l'élaboration du fromage qui a lieu dans une salle protégée des visiteurs par une grande baie vitrée). On termine par la **bodega** (les caves) car les propriétaires du lieu sont également vignerons.
En sortant, une promenade dans le **jardin des sculptures** permet de découvrir 10 œuvres en marbre de Carrare. Ce jardin a été réalisé en 2003, afin de célébrer le titre de Réserve de biosphère attribué par l'Unesco à Minorque.
Enfin, vous dégusterez des fromages accompagnés de vins de la propriété. Cette dernière datée de 1919 *(finca)*, a été récemment restaurée et abrite aujourd'hui **Ca Na Xini**, un hôtel luxueux d'agrotourisme *(www. canaxini.com)*.

Île d'Ibiza★

(Isla de Ibiza)

Cosmopolite bohème et festive, Ibiza, l'« île Blanche », devient pendant la période estivale l'un des sites touristiques les plus animés du monde. Malgré les excès dus à la spéculation immobilière dans quelques endroits, l'île reste un véritable paradis naturel, avec des plages magnifiques et des criques perdues entre les dunes et les salines, qu'il faut découvrir de préférence hors saison. Ses charmants villages aux murs recouverts de chaux vive, ses ruelles tortueuses et ses églises de campagne la différencient des autres Baléares.

▶**Accès :** Ibiza est l'île la plus proche de la péninsule (à environ 100 km). Elle s'étend sur 572 km^2 et totalise 210 km de côtes. Elle forme, avec la petite île voisine de Formentera, l'archipel des **Pityuses**.

Plan des îles p. 18 A2. Plan détachable dans la couverture.

▶**Conseil :** Comptez trois jours. Faites le tour des églises fortifiées, profitez d'une balade dans la vieille ville d'Eivissa, tôt le matin, et ne ratez pas le coucher du soleil sur la mer... *www.ibiza.travel/fr.*

LE COMMERCE MÉDITERRANÉEN

Au 10e s. av. J.-C., les Phéniciens en font une étape sur la route des métaux espagnols et de l'Afrique en établissant un premier port sur le site actuel d'Eivissa. Carthage prend la relève au 7e s. av. J.-C. et fonde ici une colonie. À l'époque romaine, la capitale de l'île reste prospère et est sans doute très peuplée. Après une brève incursion viking (1110), l'île tombe sous la coupe des Arabes, avant d'être reconquise par les troupes de Jaume le Conquérant conduites par l'évêque de Tarragone, Guillem de Montgrí (1235).

IBIZA AUJOURD'HUI

Si les **salines** *(voir p. 93)* du sud de l'île produisent annuellement près de 50 000 t de sel, c'est le **tourisme** qui s'impose aujourd'hui comme la principale ressource de l'île. Malgré la dégradation de certains sites, hôtels, bars et discothèques continuent de se multiplier.

Dans les années 1960, l'île était devenue l'un des principaux repaires des hippies en quête de paradis plus ou moins artificiels.

De nos jours, Ibiza reste pour beaucoup de jeunes du monde entier LA destination phare des folles nuits blanches estivales, même si l'île souhaite devenir une destination plus familiale, notamment en imposant une heure de fermeture plus raisonnable des bars et discothèques, ou en développant une hôtellerie plus haut de gamme.

Église de Sant Miquel, Ibiza.

Eivissa★★

Pour apprécier pleinement la beauté lumineuse d'Eivissa (nom catalan d'Ibiza) et de son site, il faut les découvrir de la mer. Sinon, un agréable point de vue est possible de la route de Talamanca (3 km au nord-est). Construite sur une colline plongeant dans la mer, la ville comprend Dalt Vila, un quartier ancien ceinturé de murailles, le quartier de la Marina près du port, le plus animé, et, autour, des quartiers plus résidentiels et commerçants. Tout le bord de mer est occupé par de grands hôtels.

▶**Accès :** Eivissa se situe au sud de l'île.

Plan de ville ci-contre. Plan détachable Ibiza F2-3.

▶**Conseil :** La ville peut être visitée en une demi-journée ; une balade dans la vieille ville et dans le quartier de sa Penya ainsi que la nécropole de Puig de Molins. Étant interdite aux voitures non autorisées, mieux vaut se garer dans les parkings publics, près de la gare maritime. **Centre-ville** – *Pg Vara de Rei, 1 - ✆ 971 301 900 et Casa de la Curia - pl. Catedral - ✆ 971 399 232.* **Aéroport** – *✆ 971 809 118 - mai-oct. : 9h-21h, dim. 9h-14h - fermé nov.-avr.*

EIVISSA AUJOURD'HUI

Si la ville a conservé le charme de son noyau ancien, ses alentours sont depuis le milieu du 20e s. la proie des promoteurs. La côte est envahie par de grands hôtels sur des kilomètres. Si l'on souhaite découvrir la vieille ville en haute saison, mieux vaut donc s'y rendre tôt afin d'éviter les cars de touristes, venus en excursion.

DALT VILA★★
(La ville haute)

2 Entouré de murailles édifiées sous Charles Quint, la ville haute a conservé un caractère médiéval assez rustique, où les nobles demeures avec vastes patios et fenêtres gothiques ne sont pas rares. On y pénètre par la **porte des Taules** (Portal de ses Taules), surmontée du blason de Philippe II. Une rampe abrupte permet ensuite d'atteindre la place de la cathédrale, mais autant monter au hasard des ruelles tortueuses et calmes, où se trouvent boutiques et galeries d'art.

Pour prendre la mesure de la ville, le mieux est d'accéder au **bastion de Santa Llúcia** (Baluard de Santa Llúcia), à l'extrémité nord-est de la muraille. De là, on domine le port et l'on rejoint facilement l'église de Sant Domingo.

ÉGLISE DE SANT DOMINGO

2 Vestige d'un ancien couvent dominicain construit à partir de la fin du 16e s., cette église au blanc éblouissant, en partie couverte de

tuiles vertes, se compose d'une nef unique. Elle fut remaniée de façon importante au 18e s.
L'ancien réfectoire du couvent, situé sur la plaça d'Espanya voisine, abrite aujourd'hui l'hôtel de ville.
Emprunter la carrer de Santa María, puis la carrer Major vers la gauche. Vous passez devant le centre d'interprétation de la vieille ville installé dans la **Casa de la Cúria**, siège des tribunaux au 16e s. Les explications, en français, sont concises et intéressantes.

SE RESTAURER		SORTIR		SE LOGER	
Ca N'Alfredo	42	El Divino	17	Hostal Ebusitana	38
Can den Parra	45	Pacha	15	Hostal La Marina	37
Croissant Show	33	Space	19	Hostal Parque	54
La Oliva	44	SHOPPING		Hotel Montesol	41
Peixet	34	Boutique Pacha	53	Hotel Náutico Ebeso	43
43 Tapas	72	Forn Can Bufí	43	La Torre del Canónigo (sa Torre d'en Canonge)	46

CATHÉDRALE

2 ☏ 971 397 500 - mai-sept. : 9h30-13h30, 17h-20h ; oct.-avr. : 9h30-13h30, 16h-19h - gratuit.

Dédiée à la Vierge des Neiges, la cathédrale avait été promise par les Catalans s'ils parvenaient à prendre Eivissa. Elle domine toute la ville de son clocher du 13e s., massif comme un donjon mais éclairé par deux étages de baies gothiques. La nef a été refaite au 16e s. et de grandes rénovations ont été lancées au 18e s. pour donner à l'édifice son style baroque. En avant du chevet, un bastion des anciennes fortifications a été aménagé en belvédère. On y découvre un beau **panorama★** sur la ville et le port.

Le **Musée diocésain**, situé dans la sacristie, abrite notamment un ostensoir gothique signé Francesc Martí et des panneaux représentant sainte Thècle et saint Antoine, datant du 14e s.

Derrière la cathédrale, le **château (castell de l'Almudaina)** doit devenir un parador.

MUSÉE ARCHÉOLOGIQUE D'EIVISSA ET DE FORMENTERA★

2 Pl. de la Seu, 3 - ☏ 971 301 771 - www.maef.es - fermé pour travaux de rénovation).

De tous les fonds dont dispose le musée, les collections les plus singulières sont celles qui se réfèrent à la culture punique qui s'est développée dans la Méditerranée entre le 7e s. av. J.-C. et le 3e s. apr. J.-C. On remarquera les ex-voto recueillis à Ibiza et à Formentera, pour la plupart dans les fouilles d'Illa Plana et de la grotte de es Ciuram. Il semblerait que cette grotte ait, du 5e au 2e s. av. J.-C., servi de sanctuaire consacré à la déesse Tanit. À noter aussi les verres polychromes en pâte vitrée, les œufs d'autruche et les céramiques puniques, romaines et arabes.

Emprunter la carrer Major (plusieurs palais Renaissance) qui se prolonge par la carrer Sant Ciriac.

MUSÉE PUGET

2 Mayor, 18 - ☏ 971 392 137 - avr.-sept. : tlj sf lun. et j. fériés 10h-14h, 17h-20h (18h-21h en juil.-août), sam.-dim. 10h-14h ; oct.-avr. : tlj sf lun. et j. fériés 10h-16h30, sam.-dim. 10h-14h - gratuit.

Installé dans une maison noble de Dalt Vila, la **Can Comasema**, le musée présente 130 œuvres (aquarelles, dessins, toiles) de **Narcís Puget Viñas** (1874-1960) et de son fils, Narcís Puget Riquer (1916-1983). Elles constituent un témoignage intéressant sur les coutumes des habitants d'Ibiza au siècle dernier et les paysages de l'île.

En continuant la descente, on longe la **chapelle Sant Ciriac**, construite en 1754. C'est sous son chœur que se situerait le passage utilisé par les Aragonais pour entrer dans la ville.

Descendre vers la plaça del Sol en longeant les murailles.

MUSÉE D'ART CONTEMPORAIN (MACE)

1-2 Ronda Narcís Puget - ☏ 971 302 723 - avr.-oct. : tlj sf lun. et j. fériés

Ruelle de Dalt Vila, Eivissa.

10h-14h, 17h-20h (18h-21h juil.-août), sam.-dim. 10h-14h ; nov.-avr. : tlj sf lun. et j. fériés 10h-14h, 16h30-18h, sam.-dim. 10h-14h - gratuit.
Aménagé depuis 1969 dans l'ancienne salle d'armes du bastion de Sant Joan, ce musée accueille principalement des expositions temporaires.

LA VILLE BASSE

NÉCROPOLE DE PUIG DES MOLINS★

2 (en dir.) *Via Romana, 31 - ✆ 971 301 771 - www.maef.es - mars-oct. : mar.-sam. 10h-14h, 18h30-21h, dim. 10h-14h ; nov.-mars : mar.-sam. 9h30-15h, dim. 10h-14h - 2,40 €.*
La nécropole de Puig des Molins servit de lieu de sépulture aux Phéniciens à partir du 7e s. av. J.-C., puis aux Romains jusqu'au 1er s. apr. J.-C. Dans la colline ont été découverts plus de 3 000 hypogées, chambres funéraires auxquelles on accédait par un puits. Une partie des objets exposés dans le **musée monographique** est constituée du mobilier qui accompagnait le défunt, et comprenait à la fois des ustensiles de la vie quotidienne et des éléments rituels symbolisant la résurrection.
On remarquera le **buste de la déesse Tanit★** (5e s. av. J.-C.), version punique de l'Astarté phénicienne, avec des restes de polychromie et répondant aux canons de la beauté grecque. Un autre buste montre davantage l'influence carthaginoise.

LA MARINA

1 Près du port, l'animation des rues commerçantes de la Marina, bordées de restaurants, de bars et de boutiques, contraste avec le calme de la ville haute.

SA PENYA★

1 Établi sur un cap rocheux très étroit, cet ancien quartier de pêcheurs, devenu le centre de la vie nocturne, séduit par sa situation extraordinaire. Sur cet espace réduit, les cubes blancs des maisons s'enchevêtrent et se superposent en un pittoresque chaos troué d'impasses ou d'escaliers creusés dans le rocher.
Empruntez la carrer Mare Déu jusqu'au bout pour contempler la **vue** sur la côte et oublier un peu l'agitation d'Eivissa.

Le tour de l'île d'Ibiza

Malgré l'affluence des touristes chaque été depuis les années 1970, Ibiza garde des côtes rocheuses préservées et de très belles plages, dont il faut profiter avant l'arrivée des masses estivales. Une autre particularité de l'île réside dans ses églises fortifiées qui remplissaient la double fonction de lieu de culte et de refuge en cas d'attaques de pirates barbaresques. Leur silhouette imposante et le blanc de la chaux qui les recouvre les rendent uniques.

▶**Accès :** Santa Eulària des Riu et Sant Antoni de Portmany, situées respectivement sur la côte est et la côte ouest de l'île, se trouvent chacune à environ 15 km d'Eivissa.

Plan détachable Ibiza dans la couverture.

▶**Conseil :** L'île peut être visitée en trois jours. Ne manquez pas sa Caleta (plus agréable hors saison) et le nord de l'île avec ses petites églises fortifiées et ses petites criques isolées.

LE NORD DE L'ÎLE★

Comptez env. 115 km. Circuit tracé en bleu sur la carte d'Ibiza, sur le plan détachable, à l'intérieur de la couverture. Boucle au départ d'Eivissa.

Suivre la route panoramique PMV 810-1 vers le nord.

NUESTRA SEÑORA DE JESÚS

F2 Situé à 3 km d'Eivissa, ce petit village paisible se caractérise par son **église** du 16e s., construite sur un ancien monastère. Remarquez le **retable** gothique, réalisé par Rodrigo de Osona.

Poursuivre la PMV 810-1.

SANTA EULÀRIA DES RIU

G2 *Marià Riquer Wallis, 4 - 971 330 728 - www.santaeulalia.com - mai-oct. : tlj sf dim. et j. fériés 9h30-13h30, 17h-19h30, sam. 9h30-13h - fermé nov.-avr.*

Au cœur d'une plaine fertile irriguée par l'unique río d'Ibiza, Santa Eulària est devenue une importante station balnéaire entourée d'immeubles modernes. La longue promenade maritime, et ses deux belles plages, agrémentée de bars et de restaurants, est particulièrement agréable.

Son atmosphère familiale, à mille lieues d'Eivissa, lui donne un charme certain.

Pour accéder au Puig de Missa à pied, prendre le Camí de Missa, parallèle à la carrer Sant Jaume, et monter jusqu'à l'église. En voiture : à la sortie de la ville vers Eivissa, 50 m après le poste d'essence qui se trouve à gauche, prendre à droite une rue en épingle à cheveux.

PUIG DE MISSA★

G2 Le minuscule bourg fortifié qui couronne cette colline est un remarquable condensé de l'architecture traditionnelle à Ibiza. Il s'agit d'une survivance de ces « collines de la messe », faciles à défendre, où l'église fortifiée (16e s.) servait de refuge en cas de danger. Plusieurs chapelles ont été ajoutées aux 17e et 18e s. Depuis le charmant cimetière attenant *(avr.-sept. : 10h-19h, dim. et j. fériés 11h-19h ; oct.-mars : 10h-18h, dim. et j. fériés 11h-18h)*, vous pourrez apprécier la **vue** panoramique.

Musée ethnographique d'Ibiza – *Can Ros - ✆ 971 332 845 - avr.-sept. : tlj sf j. fériés 10h-14h, 17h30-20h, dim. 11h-13h30 ; oct.-mars : tlj sf lun. et j. fériés 10h-14h, dim. 11h-13h30 - fermé 20 déc.-20 janv. - gratuit.* Installé dans une maison paysanne, ce musée présente les coutumes de l'île : les vêtements et danses traditionnels, le savoir-faire de ses artisans, les outils domestiques et agricoles d'antan, etc. Le musée abrite également à titre provisoire une sélection d'œuvres de l'artiste impressionniste catalan Laureà Barrau, décédé à Santa Eulària des Riu en 1957, après une carrière qui le mena de Barcelone à Madrid, puis à Paris. Les peintures de Barrau évoquent l'Ibiza d'un autre temps, à travers ses paysages, ses habitants, ses rues... et devraient trouver prochainement asile dans un musée aménagé dans la maison paroissiale.

Plusieurs plages ont été aménagées à proximité, dont **es Canar**.

Prendre la PM 810 vers le nord.

SANT CARLES DE PERALTA

G1-2 Ce village tranquille est célèbre pour son marché hippie, **Las Dalias** *(voir « Nos adresses » p. 112)*. L'**église** fortifiée blanchie à la chaux date de 1785 est entourée d'un agréable jardin où se trouvent un puits et les vestiges d'un ancien moulin à huile.

Depuis Sant Carles, suivre les indications pour cala Mastella et Cala Boix.

CALA MASTELLA

G2 Constituée de deux petites criques, l'une pour la baignade et l'autre est un petit port de pêche avec ses hangars à bateaux typiques. C'est ici que l'on trouve un des meilleurs restaurants de poisson de l'île ! *(voir El Bigotes dans « Nos adresses » p. 106)*.

CALA BOIX

G2 Une crique bien protégée, accessible par des escaliers, mène à une plage de sable gris foncé contrastant avec des eaux limpides et au *chiringuito* (bar de plage) ; la détente est assurée.

Reprendre sur la PM 810, puis bifurquer sur la droite.

AIGUA BLANCA

G1 Garez-vous au niveau de la pension sa Plana puis descendez le sentier, derrière les arcades. L'effort est récompensé par un petit *chiringuito* et une longue plage de sable doré foncé, familiale et prisée entre autres des nudistes.

Rejoindre la PM 810.

Cala d'en Serra, Ibiza.

CALA DE SANT VICENT

G1 Belle plage de sable très peuplée, qui fait face au gros rocher de **Tagomago**.
Emprunter la PM 811.

SAN VICENT DE SA CALA

G1 La petite **église** fortifiée, quasiment isolée, rappelle une chapelle. Elle fut construite tardivement (1837) en raison d'un manque de main-d'œuvre.
Continuer sur la PM 811.

SANT JOAN DE LABRITJA

FG1 *www.sanjuanibizatravel.com.* Ce petit bourg animé est entouré de pinèdes et de jardins en terrasse. L'église fortifiée date de la fin du 18e s. et son clocher fut remplacé au 19e s. La route, pour rejoindre la côte au nord du village, traverse des paysages presque montagneux, où l'incendie de 2011 a malheureusement ravagé la pinède.

CALA D'EN SERRA

G1 Accessible en voiture jusqu'au chemin caillouteux, ensuite, il vaut mieux finir à pied ! En descendant, on aperçoit les restes d'une construction inachevée, que l'on oublie vite lorsque l'on découvre la plage de sable et de galets. L'eau y est particulièrement chaude et la baignade est un régal ! Au carrefour avec la C 733, on laisse à droite **Portinatx**, qui est devenu un grand centre touristique peu attrayant et dont il vaut mieux éviter la plage souvent bondée.

CALA S'ILLOT DES RENCLÍ ET CALA XARRACA

F1 Ces deux plages de sable foncé bordées de rochers invitent à la baignade. Les hangars à bateaux ajoutent au charme de l'endroit. De petits sentiers escarpés longent la côte pour les balades. Le restaurant S'Illot, tenu par le chef Vicent Basora, propose de très bons plats de poissons *(parillada de peix, voir nos adresses, p 107).*
Continuer sur la C 733 en direction d'Eivissa. Au bout de 10 km, prendre une petite route à droite.

SANT LLORENÇ DE BALÀFIA

F2 Ce petit village privilégié, niché dans les terres de l'île, est entouré d'arbres fruitiers. L'**église** fortifiée du 18e s., dont les murs sont blanchis à la chaux, présente un porche atypique avec une seule arche (les deux autres exemples sur l'île sont Santa Gertrudis et El Pilar). L'intérieur, en forme de croix, est simple avec le sanctuaire au fond. Remarquez la chapelle de Mare de Déu del Roser du 19e s.
En prenant le sentier derrière l'église, on accède à la source de Balàfia. L'agréable promenade longe un ensemble de maison et d'anciennes **tours** défensives qui forment un bel ensemble architectural. Ces tours servaient de refuge aux habitants contre les attaques des pirates. Les croix peintes sur la façade ont une fonction protectrice contre les influences négatives.

Près de l'église, se trouve l'aire récréative de **Can Pere Mosson** où, tout en profitant de la nature, vous pouvez pique-niquer (attention toutefois aux risques d'incendies forestiers en été). Sinon, faites une pause sur la terrasse ombragée du restaurant Palona Café.
Suivre ensuite la direction de Sant Miquel de Balansat et bifurquer à droite vers la Cala Benirrás puis vers la grotte de Can Marça. Superbe route dans les pins.

CALA BENIRRÁS★

F1 Une petite crique très agréable avec deux restaurants. Le dimanche soir, on assiste au coucher du soleil, au rythme des djembés.

COVA DE CAN MARÇA

(Grotte de Can Marça)
F1 *✆ 971 334 776 - visite ttes les 30mn de 10h30 à 18h30, sf à 14h30 - 10,50 €.*
La grotte fut longtemps le repaire des contrebandiers de sucre, de tabac, de café, etc. Elle ne présente pas d'intérêt exceptionnel, surtout en comparaison avec celles de Majorque.
Continuer sur Sant Miquel.

SANT MIQUEL DE BALANSAT

F1 Le village abrite une belle **église** fortifiée à nef unique, installée en haut du village *(mar.-vend. 9h30-13h30, sam. 9h30-12h30, fermé lun.).* Construite au 14e s., elle fut agrandie au 17e s. La chapelle de Benirràs (17e s.) se distingue par un plafond peint où apparaissent les noms du curé, Bartomeu Orvai, et des ouvriers, Antoni Planells Jurat et Baromeu Celleràs. Le campanile, lui, date du 19e s. Des spectacles de danses traditionnelles *(Ball Pagès)* ont lieu pendant la saison estivale, dans la cour de l'église *(juin-sept., chaque jeudi à 18h15).* Sur la placette, d'où l'on a une **vue** sur les alentours, trône une statue en hommage au poète Marià Villangómez Llobet (1913-2002).
Poursuivre la petite route vers Sant Mateu.

SANT MATEU D'ALBARCA

F2 Le tout petit cœur de village comprend l'église (18e s.), le cimetière et le bar-restaurant (es Camp Vell). Entouré de vignobles, c'est ici que chaque année, en décembre, on vient déguster les vins rouges et blancs à l'occasion de la **Fête du vin**.
Empruntez le camí de Santa Agnès a Sant Mateu. Il longe des vergers plantés dans une terre rouge et cerclés de murs de pierre dorée, puis traverse une forêt de pins odorante.

SANTA AGNÈS DE CORONA

F2 Ce petit village est situé dans l'es Amunts, zone naturelle protégée. Vous y trouverez une église (déb. du 19e s.) et deux petits restaurants, dont Cas Sabater (belle terrasse couverte, paella et *arroces* délicieux). De janvier à février, les nuits de pleine lune, les visiteurs viennent nombreux admirer les **amandiers en fleurs**.
Poursuivre sur le PM 812.
Le long de la route sinueuse, à travers les pinèdes, une galerie d'art s'est

installée. *Plus loin, tourner à droite pour atteindre Cala Salada.*

CALA SALADA

E2 Une jolie route descend à travers les pins pour atteindre cette agréable plage bien abritée dans une calanque (accès par un escalier).
Poursuivre vers Sant Antoni, puis bifurquer à gauche en direction de Santa Gertrudis.

SANTA GERTRUDIS DE FRUITERA

F2 L'église fortifiée (1797) est entourée de quelques bars agréables, boutiques et restos branchés *(voir « Nos adresses » p. 108 et 112)*. Cette petite ville, repaire d'artistes, est fleurie de bougainvillées.
Revenir à Eivissa par la PM 804.

LE SUD DE L'ÎLE

Comptez 150 km, 1 jour. Circuit tracé en orange sur le plan d'Ibiza, à l'intérieur de la couverture.
Boucle à l'ouest d'Eivissa.

SANT RAFEL DE SA CREU

F2 Un grand nombre d'artisans céramistes se sont installés dans ce petit village tranquille. Flânez dans les rues et entrez dans les boutiques d'artisanat d'inspiration punique. Depuis l'**église** fortifiée du 18e s. placée sur un promontoire, on jouit d'une large **vue** sur la mer, es Pla de Vila et Eivissa. On peut même apercevoir, par temps clair, Formentera. À la sortie de la ville, un bel **hippodrome** accueille les courses de trot en hiver mais aussi, de façon exceptionnelle, des courses de moto-cross et de quad *(Finca de s'Hort Nou - ✆ 659 467 778).*
Près du village, sur la route d'Eivissa, se trouvent deux des célèbres discothèques de l'île, l'Amnesia et le Privilege *(voir « Nos adresses » p. 115).*

SANT ANTONI DE PORTMANY

E2 ℹ *Pg de ses Fonts - ✆ 971 343 363.*
La vaste Cala Sant Antoni a donné lieu à un aménagement touristique particulièrement important.
Les immeubles modernes dissimulent le petit quartier ancien qui s'étend autour de l'église fortifiée du 14e s., réédifiée au 16e s. Du port de plaisance une belle promenade s'étire le long de la côte, idéale pour une balade au coucher du soleil. Elle constitue également l'un des lieux de rendez-vous habituels de la jeunesse de Sant Antoni. Celle-ci se retrouve notamment à la terrasse du célèbre **Cafe del Mar**. *(voir « Nos adresses » p. 108).*
Mais Sant Antoni ne possède pas le charme de la vieille ville d'Eivissa et peine à contrebalancer son développement touristique démesuré.
Prendre au sud de Sant Antoni la PM 803 pendant 5 km.

SANT AUGUSTÍ DES VEDRÀ

E2 Construit sur une colline, Sant Agusti est un village calme, épargné du tourisme de masse. Les murs des maisons, en pierre ou peints à la chaux, forment un bel ensemble architectural.

Cala d'Hort, Ibiza.

La particularité de la petite **église** fortifiée (déb. 19e s.) réside dans son orientation à l'ouest. L'histoire raconte qu'à la suite d'une dispute entre deux propriétaires, qui voulaient la voir bâtie sur leur terrain respectif, elle a été construite en limite des deux propriétés et face à eux ! Belle **vue** sur les vignobles environnants.
Poursuivre vers Sant Josep sur 5 km.

SANT JOSEP DE SA TALAIA

Pl. Església - 971 801 627 - www.santjosep.net.
Vous y trouverez une jolie église fortifiée du 18e s. Des restaurants et des boutiques bordent la route principale.

Revenir à Sant Agustí des Vedrà et tourner à gauche vers Cala Bassa et Cala Comte.

CALA COMTE ET CALA BASSA

E2 Cala Comte est un bel endroit très rocheux d'où l'on aperçoit plusieurs îlots au large, tandis que Cala Bassa déroule une jolie plage bordée par une pinède. Les rochers plats extrêmement découpés qui affleurent un peu partout le long de cette côte donnent un attrait supplémentaire à la plongée sous-marine.
Suivre la route de montagne en corniche en direction de Cala Vedella.

R. Soberka / hemis.fr

Plage de sa Caleta et ses falaises rouges, Ibiza.

CALA VEDELLA

E2 Située dans une crique encaissée, cette grande plage au sable blanc est devenue une station très touristique. Attention, parking payant (3 €).

CALA D'HORT

E3 Jolie plage de sable et de galets, marquée par la présence de deux rochers, **es Vedrà★** et **es Vedranell**. Deux restaurants et une boutique complètent le décor.
Rebrousser chemin et prendre la PM 803-1.

ES CUBELLS

E3 Le petit village, posté sur le haut d'une falaise, se resserre autour de son église et de ses deux restaurants. Derrière l'**église** du 19e s., soutenue par des contreforts latéraux, la **vue** sur les criques de pêcheurs en contrebas est superbe.
Chaque année, à la mi-octobre, lors de la fête Flower Power, se tient un marché artisanal avec une vente de produits locaux et des excursions à vélo. Le village est un bon point de départ pour visiter le **Parc naturel de Cala d'Hort**.
Poursuivre la PM 803-1 et reprendre la PM 803 pendant 1,5 km. Tourner à droite et suivre la direction de sa Caleta et es Jondal.

CALA ES JONDAL

EF3 Plage composée en partie de gros galets.
Continuer jusque sa Caleta. La route qui y mène est, à la fin, en très mauvais état.
La plage est également accessible par le bus n° 26 au départ d'Eivissa.

SA CALETA★

F3 Superbe plage, bien que de petite taille, entourée de rochers rouges.
En repartant vers l'aéroport, vous pouvez bifurquer vers le **Parc naturel de ses Salines**, où l'on récolte le sel d'Ibiza depuis des siècles.
Large baie avec une belle plage.
Regagner Eivissa par la PM 803.

Île de Formentera

C'est la plus petite île de l'archipel. L'endroit est idéal pour ceux qui cherchent le calme afin de pouvoir profiter, dans un environnement d'une grande beauté, de ses jolies plages rocheuses ou sablonneuses aux eaux toujours transparentes.

▶**Accès :** Située à 7 km à peine au sud d'Ibiza, cette petite île de 82 km² s'étire d'ouest en est sur 14 km, mais est formée en réalité de deux îlots réunis par un isthme plat et sablonneux. Il n'y a pas d'aéroport à Formentera, mais plusieurs compagnies maritimes assurent la liaison depuis Ibiza *(voir « Îles Baléares pratique » p. 131)*.

Plan des îles p. 18 A2. Plan détachable Formentera dans la couverture.

▶**Conseil :** Sur place, le meilleur moyen de se déplacer est le vélo (nombreux loueurs au port). L'île peut se parcourir à vélo en une journée. La vue sur la côte depuis le Camí de sa Pujada est magnifique. *www.formentera.es.*

L' ILLA DE LES DONES

(« L'Île aux Dames »)

Le peuplement de Formentera est relativement récent, l'île ayant été désertée au Moyen Âge après les incursions de pirates, pour être colonisée à nouveau à la fin du 17e s. La forte émigration masculine vers l'Amérique latine au début du 20e s. lui valut alors le surnom de « l'île aux Dames ». Après avoir connu une dure répression à la fin de la guerre civile, Formentera devint dans les années 1960 un repaire de hippies.

Pour la plupart pêcheurs ou cultivateurs, les insulaires envoient des figues et du poisson à Ibiza et du sel à Barcelone.

LE TOUR DE L'ÎLE

Circuit d'env. 60 km, mais rien ne vous empêche de vous promener « à la carte », surtout si vous êtes à vélo.

SA SAVINA

H *Au port, c. de Calpe - 971 322 057 - www.formentera.es - tlj sf dim. 10h-14h, 17h-19h, sam. 10h-14h.*

La baie de sa Savina est le premier point par lequel on aborde l'île. Quelques maisons y sont logées entre deux vastes étangs. Au loin, sur la gauche, scintillent les marais salants. Le port rassemble de nombreux loueurs de voitures, de deux-roues et de bateaux.

Prendre la seule route de Formentera, la PM 820.

SANT FRANCESC DE FORMENTERA

H *Pl. de la Constitució, s/n.*

Chef-lieu et unique commune de l'île. Ses maisons se regroupent autour de l'**église-forteresse** du 18e s. On peut également y voir la première **chapelle**

Maison typique de Formentera.

de Formentera, dite de sa Tanca Vella ou de Sant Valero (14e s.), très dépouillée.

Musée ethnographique de Formentera – *Jaume I - ✆ 971 322 670 - mai-sept. : tlj sf w.-end et j. fériés 10h-14h, 19h-21h, lun. 19h-21h ; oct.-avr. : tlj sf w.-end et j. fériés 9h-15h - gratuit.* Exposition d'outils agricoles, piscicoles et domestiques utilisés jadis sur l'île.

Prendre la PMV 820-1 au sud vers le cap de Barbaria.

CALA SAONA

H *Accès par une petite route à droite.* Sur la côte ouest de l'île, cette très belle plage de sable blanc, protégée par des falaises, est fort appréciée des touristes.

Revenir à la PMV 820-1 et poursuivre vers le cap.

CAP DE BARBARIA

H Le cap se trouve au bout d'une route de plus en plus étroite. Une impression de bout du monde se dégage de cette vaste étendue plane.

La **tour des Garroveret**, à une dizaine de minutes de marche, faisait partie du système défensif de l'île au 18e s.

Revenir à Sant Francesc et y reprendre la PM 820 vers l'est, puis tourner à droite vers es Ca Mari.

PLATJA DE MIGJORN

H Belle plage de sable fin s'étendant sur près de 10 km.

Reprendre la PM 820 vers l'est et tourner à gauche.

PLATJA DE TRAMUNTANA

I La plage se situe au nord de la langue de sable qui réunit les deux parties de l'île. Elle est plus découpée que sa voisine, Migjorn, et se divise en petits espaces rocheux.

Au bout de la plage, **es Caló** est une crique agréable occupée par un ancien village de pêcheurs. Elle a conservé ses rampes d'accès pour bateaux, qui rappellent que l'île a longtemps vécu de la pêche. Depuis les terrasses des restaurants, on jouit d'une **vue** sur l'île d'Ibiza, tout en dégustant de délicieux poissons.

Continuer sur la PM 820.

ES PILAR DE LA MOLA

I Hameau situé au cœur du promontoire de la Mola. Son **église** aux formes géométriques est la sœur cadette de celles d'Ibiza. Un **marché**

L'île de la sargantana

Le symbole de Formentera est une sargantana, sorte de lézard que l'on trouve presque uniquement sur les îles Pityuses (Ibiza, Formentera et leurs îlots). Plus grands que leurs cousins de la péninsule, ils se nourrissent d'insectes et de pollen. Partagés en une trentaine de sous-espèces, leurs couleurs peuvent être très variées : blanc, bleu, vert, plus ou moins intenses...

artisanal a lieu de début mai à mi-octobre *(merc. et dim. 16h-21h30)*. À la sortie du village à droite, une petite route mène au **moulin de la Mola**, vieux de plus de deux siècles, qui fut utilisé jusque dans les années 1960. Après rénovation, il est aujourd'hui en parfait état de marche. *(visites mar.-sam. 9h30-13h30)*. *Poursuivre sur la PM 820.*

PHARE DE LA MOLA

I Tout au bout de la route, dans un paysage qui ne laisse place à aucune végétation, le **phare** domine une haute falaise que l'on peut parcourir à pied.
On y trouvera un monument dédié à **Jules Verne** qui, dans son roman *Hector Servadac*, n'hésite pas à faire voyager Formentera dans l'espace après le choc d'une comète avec la Terre ! *Revenir en direction de Sant Francesc par la PM 820 et tourner à droite à Sant Ferran de ses Roques.*

ES PUJOLS

H *Carrer Espalmador, au coin de l'av. Miramar - mai-oct. : tlj sf dim. 10h-14h, 17h-19h, sam. 10h-14h - fermé nov.-avr.*
Station de bord de mer très urbanisée, es Pujols est l'un des grands centres touristiques de Formentera. Il rassemble plusieurs jolies plages de sable où affleurent souvent les rochers.
Continuer la route vers le nord-ouest.

PLATJAS DE SES ILLETES ET DE LLEVANT

H Ces deux plages se situent de part et d'autre d'une mince langue de sable et de pierres, à l'extrémité nord de l'île. De là, quelques minutes de marche permettent d'arriver à de petites plages encadrées par des rochers.
Au bout de la presqu'île (30mn à pied), en face, on distingue l'**île d'Espalmador** (3 km^2), inhabitée et constituée de falaises et de calanques. Elle est accessible en bateau depuis sa Salina, uniquement entre juin et septembre.
La petite lagune d'**Estany des Peix,** classée Réserve de biosphère par l'Unesco, est un agréable site où seules de petites embarcations peuvent entrer. La baignade et la pratique de la voile, du kayak ou du windsurf y sont très appréciées. Ne manquez pas le coucher du soleil.

Nos adresses

Las Dalias, marché hippie à Sant Carles de Peralta, Ibiza.
B. Boensch / imageBROKER / age fotostock

Se restaurer

Il y a trois grandes **spécialités** qu'il faut absolument déguster lors de votre séjour : la **soubressade**, les **ensaimadas** et le fromage de **Maó-Menorca**.

Reportez-vous aussi aux chapitres « Prendre un verre » : certaines des adresses de la sélection servent des repas légers, parfaits pour déjeuner.

Pour plus d'informations, voir aussi « Horaires » p. 135 et « Gastronomie » p. 155.

*Repérez les adresses sur le **plan détachable** et sur les **plans de Palma** p. 26 et 30, **Maó** p. 70 et **Eivissa** p. 81 grâce aux pastilles numérotées (ex. 1).*

ÎLE DE MAJORQUE

PALMA

Plan de ville p. 26

Moins de 15 €

1 **Bar Bosch** – ***Plan II G2*** - *Pl. del Rei Joan Carles I, 6 - 971 721 131 - 8/12 €.* Incontournable à Palma, le Bosch existe depuis 1936. Cette cafétéria propose de bonnes tapas. La grande salle est complétée par une terrasse ouverte sur le passeig del Born. Une institution.

2 **Botiga Cafè Es Pes de sa Palla** – ***Plan II H3*** - *Pl. des Pes de sa Palla - 971 722 505 - lun.-vend. 8h-17h30, sam. 10h-17h30 - 11/25 €.* Géré par une association d'aide aux handicapés mentaux, un café au décor des années 1960, situé à l'écart de la vieille ville. On y sert une cuisine méditerranéenne à prix modiques. Grande salle et agréable terrasse surplombant la place. Boutique bio.

3 **Wineing** – ***Plan II F3*** - *Apuntadors, 24 - 971 214 011 - www.wineing.es - 17h-0h - fermé merc. - 15 €.* Ce bar à la décoration très épurée doit sa notoriété à son système original à carte qui permet de choisir parmi plus de 40 vins et de se servir soi-même. Bonnes tapas et service impeccable.

10 **La Parada de los Monstruos** – ***Plan II F2*** - *San Lorenzo, 9 - 971 718 450 - www.laparadadelosmonstruos.tumblr.com - 15/22 €.* Un décor éclectique et coloré avec une fresque naïve et des cactus suspendus au plafond. Expositions d'art et accueil très sympathique dans ce restaurant branché où tout est fait maison : hamburgers, pizzas, salades, tapas... pour une note raisonnable.

51 **Bar del Peix** – ***Plan II H1*** - *Mercat de l'Olivar - pl. de l´Olivar - 971 720 314 - www.mercatolivar.com - lun.-jeu. et sam. 7h-14h30, vend. 14h30-20h.* Parmi les petits bars qui essaiment le marché et où l'on déguste des tapas ou des huîtres accompagnées d'un petit verre de vin blanc, celui-ci est fameux pour ses calmars à la romaine.

54 **Tast Avenidas** - ***Plan II H1/2*** - *Av. Conde de Sallent, 13 - 971 729 878 - www.tast.com - tapas 2,35 €, raciones 9 €.* Toujours bondé ! Tapas très variées au bar et salle ou se poser plus confortablement. Le foie gras à la plancha est le must de l'endroit.

Situer nos adresses

Les adresses que nous vous proposons dans ce chapitre sont positionnées sur le plan détachable, que vous trouverez à l'intérieur de la couverture, et sur les plans de Palma p. 26 et 30, Maó p. 70 et Eivissa p. 81. Elles sont repérables grâce à des pastilles numérotées (ex. 1 pour « Se restaurer », 1 pour « Prendre un verre », 1 pour « Shopping », 1 pour « Sortir », et 1 pour « Se loger »). Les lettres rouges font référence aux carroyages du plan détachable.

De 15 à 35 €

14 **Forn de Sant Joan** – ***Plan II F3*** - *Sant Joan, 4 - ☏ 971 728 422 - www.forndesantjoan.com - fermé de déb. janv. à mi-fév. - menu sem. 16 €, carte 20/35 €.* Sur quatre niveaux, un lieu au décor design, très fréquenté depuis maintenant 20 ans ! Bar à tapas, restaurant (avec menu déjeuner abordable) et *lounge bar* pour finir la soirée, le tout à deux pas de sa Llotja.

15 **Asador Tierra Aranda** – ***Plan II G2*** - *Concepció, 4 - ☏ 971 714 256 - www.asadortierraaranda.com - fermé dim. et lun. midi, 3ᵉ sem. de janv. et 2ᵉ quinz. de juil.- 25/36 €.* Installé dans une demeure du 19ᵉ s. dotée d'un charmant jardin intérieur, ce restaurant propose une cuisine castillane (cochon de lait et autres viandes à la braise) dans un cadre agréable.

18 **Es Baluard** – ***Plan II F2*** - *Pl. Porta de Santa Catalina, 9 - ☏ 971 234 954 - www.esbaluard.org - fermé dim. soir - ▤ - 25/35 €.* Un restaurant décoré avec élégance : rideaux blancs et terrasse en teck. On y apprécie les spécialités locales et, surtout, la vue.

De 35 à 50 €

16 **La Bodeguilla** – ***Plan II G2*** - *Sant Jaume, 3 - ☏ 971 718 274 - www.la-bodeguilla.com - fermé dim. - 35/50 €.* Restaurant, bar à vins et bar à tapas, que l'on déguste sur des barriques faisant office de tables. Grande salle sur deux niveaux et cuisine locale.

SUR L'ÎLE

Plan détachable

De 10 à 30 €

21 **Bar Parroquial** – ***A2*** - *Pl. Pío XII, 1 - Galilea - ☏ 971 614 187 - fermé lun. - 6/10 €.* Ce bar « paroissial » propose des tapas ainsi qu'un large choix de *panambolis* (au jambon, au fromage, au thon, à la soubressade...).

4 **Ca's Cosi** – ***A2*** - *Baronia, 1-3 - Banyalbufar - ☏ 971 618 245 - fermé mar. nov.-mars - ▤ - 20 €.* Un très agréable café-restaurant. Cadre accueillant avec une décoration qui allie le moderne et le traditionnel, tout comme la cuisine. Plats copieux et service souriant.

22 **Porxada de sa Torre** – ***D2*** - *Capdepera, Ctra. de Artá-Canyamel, km 5 - ☏ 971 841 310 - mar.-dim. - menu 19/35 €,*

carte 25/30 €. Il est situé au pied de la Torre de Canyamel, dans un bâtiment du 13e s. Ouvert depuis 1966, il propose des plats traditionnels et des spécialités dont le cochon de lait rôti et la terrine maison.

11 **El Guía** – ***B2*** - *Castañer, 2 - Sóller - ✆ 971 630 227 - menu 20 €, carte 25/40 €*. Petit hôtel-restaurant situé en plein centre qui propose, dans une salle à manger très agréable, une cuisine locale appréciée par la clientèle d'habitués. En sus, 15 chambres propres et de bon confort *(mars-oct. : 93 €)*.

De 30 à 50 €

9 **Celler Sa Sinia** – ***D3*** - *Pescadors, 25 - Portocolom - ✆ 971 824 323 - 27/58 €*. Un classique de la région. Cuisine de la mer dans une belle salle voûtée.

26 **Sa Plaça Petra** – ***C2*** - *Pl. Ramon Llull, 4 - Petra - à env. 10 km au nord-est de Manacor par la Ma 3320 - ✆ 971 561 646 - fermé 15 j. en janv. et 15 j. en nov. - ▤ env. 50 €*. Dans cet agréable restaurant qui marie à la perfection l'ancien et le moderne, on comprend mieux les insulaires quand ils parlent de Majorque comme étant « l'île de la tranquillité ». L'établissement dispose d'une belle terrasse et de trois chambres bien aménagées.

20 **Doña Irene** – ***C2*** - *Son Campaner, Ma 3120, à 2,4 km au sud d'Inca en direction de Sencelles - Inca - ✆ 971 881 018 - www.casadelvirrey.net - fermé dim. soir et lun. - 30/40 €*. Dépendant de l'hôtel **Casa del Virrey**, cet agréable restaurant est installé dans une belle demeure seigneuriale du 17e s.

DEIÀ

Plan détachable

De 10 à 30 €

23 **Las Palmeras** – ***B2*** - *Arxiduc Lluis Salvador - ✆ 971 639 016 - 10/15 €, tapas 4,95 €*. Salades ou *gazpacho* (en saison) et spécialités de riz, notamment l'*arros bruto*, variante locale de la paella.

Plus de 35 €

24 **Jaume** – ***B2*** - *Arxiduc Lluis Salvador, 22 - ✆ 971 639 029 - 35/40 €*. Un restaurant familial proposant une bonne cuisine majorquine traditionnelle.

19 **El Olivo** – ***B2*** - *Finca son Canals - ✆ 971 639 011 - www.laresidencia.com - fermé en janv. - 95/105 €*. Dans une belle salle rustique, ce restaurant dépendant de l'hôtel La Residencia propose une « cuisine d'auteur » parfois étonnante mais toujours de qualité. Excellent service.

POLLENÇA (PORT)

Plan détachable

De 25 à 42 €

8 **Los Pescadores** – ***C1*** - *Pg Voramar, 45 - ✆ 971 866 274 - 25/30 €*. Ce restaurant sobrement décoré propose des plats à base de poisson, ainsi que des tapas. Service souriant. Terrasse sur le bord de mer donnant vers le cap de Formentor.

7 **Stay** – ***C1*** - *Estació Marítima, Muelle Nuevo - ✆ 971 864 013 - 35/42 €*. Remarquable par sa situation, ce restaurant dispose d'une salle à manger simple, éclairée par

Terrasse du restaurant-bar Es Baluard, Palma, Majorque.

de grandes baies vitrées, et d'une agréable terrasse donnant sur le port.

ALCÙDIA

Plan détachable

De 10 à 30 €

25 **L'Arca d'en Peter** - ***C1*** - *Pl. de ses Verdures, 1 - ✆ 971 539 178 - 8/30 €.* Un décor immaculé, un service très aimable et une carte, restreinte, mais de bon goût. Bon rapport qualité-prix.

Plus de 30 €

12 **Genestar** – ***C1*** - *Pl. Porta de Mallorca, 1 (près de l'Auditorium) - ✆ 971 549 157 - 13h-15h, 20h-23h - fermé merc. (juin-sept.), dim. soir et merc. (oct.-mai), 3 sem. en janv. - menu 32 €.* Pour déguster une cuisine qui sait se montrer inventive, élaborée avec des produits de qualité. Cadre contemporain assez élégant.

ÎLE DE MINORQUE

CIUTADELLA

Plan détachable

De 25 à 30 €

31 **Molí des Comte** – ***J1*** - *Av. Constitució, 22 - ✆ 971 481 414 - www.molidescomteasador.com - tlj sf mar. 13h-16h, 20h-0h - 25/30 €.* Dans un ancien moulin très joliment restauré. Magnifique bar en zinc orné de coloquintes suspendues et belle salle de restauration où trône un pressoir d'origine. Goûtez les grillades et *arroces* ou la paella aux langoustes !

60 **Smoix** – ***J1*** - *Sant Isidre, 11 - ✆ 971 480 516 - fermé lun. et 10 j. en mai - déj. seult sf vend., sam. - menu 17 €, carte 28/44 €.* Un patio-jardin conduit à la salle à manger tout en verre. On y sert une excellente cuisine locale de marché.

De 30 à 50 €

30 **Cas Ferrer de Sa Font** – ***J1*** - *Portal de sa Font, 16 - ✆ 971 480 784 - ▤ - env. 30 €.* Restaurant à la décoration rustique, installé dans une maison du 18e s. au cœur de la vieille ville. La carte propose une cuisine bio aux accents novateurs. Une bonne adresse.

25 **El Horno** – ***J1*** - *Forn, 12 - ✆ 971 380 767 - seult le soir, mai-oct. - ▤ - 35/50 €.* Un petit restaurant familial au cadre rustique (belle cave voûtée) et accueillant. Carte d'inspiration française.

MAÓ

***Plan de ville** p. 70*

Moins de 15 €

21 **Cristanal y Gradinata** – ***B1*** - *Isabel II, 1 - ✆ 971 363 316 - fermé sam. soir, dim. et j. fériés.* Ce petit bar aux banquettes de velours propose des petits sandwichs, les « manolitos », et, surtout, de nombreux vins. Un lieu calme, parfait pour une petite faim.

23 **Can Pota** – ***B1*** - *Portal de Mar, 11 - ✆ 971 362 363 - 10/15 €, menu 12 €.* En haut de la Costa de ses Voltes, ce bar-épicerie à la décoration design vaut surtout pour ses odeurs alléchantes de fromage et de jambon. Renommé pour ses *pintxos,* menu servi le dimanche. Idéal pour le *tapeo.*

63 **Sa Bodega** – ***B1*** - *Pl. Constitución, 6 - ✆ 971 353 910 -*

env. 10 €. Un minuscule bar-boutique proposant un bon choix de vins et de *cavas* (champagne), des fromages et des charcuteries, ainsi que des tapas dont les fameuses *papas arrugas* canariennes, pommes de terres accompagnées de sauce *mojo picón*.

De 30 à 50 €

28 **Es Marivent** – **C1** - *Moll de Llevant, 314 (puerto) - ✆ 971 363 594 - 40/50 €*. C'est ici que vous pourrez déguster la plus sublime des *calderetas de langosta*. Situé sur le port, ce restaurant de poissons propose une très belle carte de vins. Service irréprochable. Une des très bonnes adresses de la ville.

57 **Jàgaro** – **C2** - *Moll de Levante, 334 - ✆ 971 362 390 - fermé dim. soir et lun. (sf été) - menus 15/50 €*. Une institution de la ville. Belle terrasse et deux salles (dont une genre bodega) pour déguster une cuisine régionale avec notamment une langouste frite à l'œuf qui fait le délice des connaisseurs.

32 **La Minerva** – **C1** - *Moll de Llevant, 87 (puerto) - ✆ 971 351 995 - fermé janv.-fév. et lun. (sf avr.-oct.). - menu 15 €, carte 30/40 €*. Situé sur un ponton donnant sur le port, un bon restaurant de poisson qui dispose en outre d'un « bateau-bar » amarré juste devant.

SUR L'ÎLE

Plan détachable

De 15 à 25 €

20 **Bar Peri** – **K2** - *sa Plaça, 1 - es Migjorn Gran - ✆ 971 370 115 - 6h-0h*. *Bocadillos* (sandwichs) et bonnes tapas servis en terrasse, au centre du bourg.

29 **Sa Rumbada** – **K1** - *Gumersind Riera, 27 - Fornells - ✆ 971 376 777 - ▤ - menu 12/18 € - carte env. 25 €*. Bar-restaurant à la décoration sans prétention situé en bord de mer. Outre des spécialités de poissons, on y sert également une *caldereta* de poissons très honorable et de bonnes tapas. Terrasse agréable et service souriant.

De 35 à 50 €

66 **Es Molí de Foc** – **L2** - *Sant Llorenç, 65 - Sant Climent - ✆ 951 153 222 - 35/46 €*. Installé dans un ancien moulin du 19e s. et proche d'une brasserie artisanale, il propose une cuisine actuelle, ainsi que des spécialités de riz.

ÎLE D'IBIZA

EIVISSA

Plan de ville** **p. 81

Spécial gourmands – Les deux desserts typiques d'Ibiza sont : le **flaó**, un gâteau à base de fromage de brebis ou de chèvre, de menthe et (parfois) d'anis ; et la **greixonera**, sorte de pudding élaboré à partir des restes d'**ensaimada** (autre pâtisserie régionale, *p. 156*) auxquels on ajoute du lait, des œufs et de la cannelle.

Moins de 15 €

33 **Croissant Show** – **1** - *Pl. de la Constitució, 2 - ✆ 971 317 665*. Un café idéal pour déguster de bonnes viennoiseries et pâtisseries (le patron est français) avant de se lancer à

l'assaut de la vieille ville... ou une quiche accompagnée d'un verre de vin en redescendant. Également une boutique à Santa Eulària *(pg de s'Alamera).*

34 **Peixet** – **1** - *Puerto, face à la gare maritime - ✆ 971 311 025.* Bar à la décoration design, situé en lisière du quartier de sa Penya. La patronne cuisine à l'occasion une bonne *greixonera*. Ambiance plus calme que dans les autres bars du quartier.

72 **43 Tapas** – **1** - *Av. d'España, 43 - ✆ 971 300 992 - 12/15 €.* Un sympathique bar à tapas tenu par un couple d'Allemands dans la ville moderne.

De 30 à 65 €

44 **La Oliva** – **1** - *Santa Cruz, 2 (Dalt Vila) - ✆ 971 305 752 - 30/40 €.* Une salle évoquant une taverne, pour déguster une cuisine méditerranéenne à base de poisson.

45 **Can den Parra** – **2** - *Sant Rafael, 3 (Dalt Vila) - ✆ 971 391 114 - mars-oct. - 26/35 €.* Beaucoup de charme pour cet établissement déployant ses tables dans une ruelle de la ville haute. La cuisine, quelque peu « fusion », fait la part belle au sucré-salé.

42 **Ca N'Alfredo** – **1** - *Pg Vara de Rei, 16 - ✆ 971 311 274 - www.canalfredo.com - 13h-17h, 20h-0h - fermé 15 j. en nov., dim. soir et lun.- 38/65 €.* Des photos de célébrités ayant fréquenté les lieux décorent la salle. Cuisine locale et catalane.

SUR L'ÎLE

Plan détachable

De 15 € à 25 €

41 **Canasuni** – **G2** - *Riquer Wallis - Santa Eulària des Riu - ✆ 971 319 177 - fermé déc.-fév. - 7/22 €.* Situé dans une rue parallèle au passeig de s'Alamera, ce restaurant accueille une clientèle d'habitués dans un cadre très coloré et une atmosphère agréable. Les plats sont d'une belle originalité. Service très souriant.

37 **El Rincón de Pepe** – **G2** - *Sant Vicent, 53 - Santa Eulària des Riu - ✆ 971 331 321 - fermé merc. - menu 25 €.* Un bar à tapas comme on les aime, dans une rue animée du centre de la bourgade. On se fait servir au bar dans une ambiance détendue. Un lieu authentique. Petit restaurant pour se poser.

43 **El Bigotes** – **G2** - *Cala Mastella - ✆ 650 797 633 - services à 12h et 14h - env. 25 €.* Tenu par le couple fondateur, c'est le restaurant le plus pittoresque du nord de l'île ! Y arriver relève déjà de l'aventure... Il propose deux spécialités de la pêche du jour : poisson à la plancha (12h) et *bullit de peix*, un poisson bouilli avec du riz ou des pommes de terre (14h). Il vaut mieux réserver, c'est souvent bondé !

De 30 à 60 €

38 **El Chiringuito es Cavallet Playa** – **F3** - *Platja es Cavallet - au sud d'Eivissa - ✆ 971 395 355 - www.elchiringuitoibiza.com - ouv. en été seult le midi - à partir de 30 €.* De

buvette de plage *(chiringuito)*, il n'a que le nom. De nombreuses célébrités fréquentent ce restaurant simple en apparence, dont l'immense terrasse donnant sur la mer reste un point de rencontre inévitable depuis plusieurs années. La cuisine est à la hauteur de ce que l'on peut attendre d'un établissement de cette catégorie.

39 **Can Pujol** – ***E2*** - *Ctra Vieja a Port des Torrent (Bahía de Sant Antoni) - ✆ 971 341 407 - www.restaurantecanpujolibiza.com - 13h-16h, 19h30-23h30 - fermé merc. et en déc. - à partir de 35 €.* Restaurant dissimulé au milieu des immeubles en béton de Sant Antoni. Il faut réserver à l'avance (par téléphone) la spécialité de la maison : le *bullit de peix*, un poisson bouilli avec du riz cuit dans un bouillon. C'est délicieux. Mais attention : quand Lluc Torres, le patron, ne trouve pas de poissons à son goût... il n'ouvre pas !

42 **S'Illot** – ***F1*** - *Cala s'Illot d'es Renclí - ✆ 971 320 585 - env. 30 €.* Le chef Vicent Basora propose de succulents plats de poissons *(parillada de peix).*

69 **Ca's Mila** – ***E2*** - *Cala Tarida - Sant Josep de sa Talaia - ✆ 971 806 193 - menu 17/35 €, carte 38/61 €.* Superbement situé en bordure de la plage de Cala Tarida et doté de terrasses dominant la mer, il sert une bonne cuisine traditionnelle à base de poissons et de riz.

40 **Villa Mercedes** – ***E2*** - *Pg del Mar - Sant Antoni de Portmany - ✆ 971 348 543 - ☰ - menus 18,50/63 €.* Restaurant élégant installé dans une jolie maison moderniste. Par les grandes vitres de la salle, la vue sur le port est impressionnante, surtout la nuit. La carte est originale (cuisine « fusion ») et le service impeccable.

ÎLE DE FORMENTERA

Plan détachable

De 25 à 45 €

46 **Can Rafalet** – ***I*** - *Platja es Caló - ✆ 971 327 077 - env. 25 €.* Adresse fréquentée par les gens du cru, qui apprécient la qualité de ses poissons et de ses riz. La salle donne directement sur la mer et sur la crique d'es Caló. Service simple et prévenant. Également des petites chambres, certaines ayant vue sur mer *(15 ch. 65/100 €)*. Idéal pour se baigner au saut du lit !

47 **Sa Palmera** – ***H*** - *Platja d'es Pujols - ✆ 971 328 858 - fermé nov.-mars - env. 25 €.* Restaurant en bord de plage doté d'une belle terrasse. Délicieux plats à base de poissons, grillés ou cuits à l'étouffée, avec une *picada de almendras* (sauce aux amandes) et de fruits de mer, et très bonne *ensalada pagesa* (salade paysanne avec pommes de terre, poissons séchés, poivrons, etc.).

48 **Pinatar** – ***H*** - *Av. Miramar, 25 - Sant Ferran de ses Roques - ✆ 971 328 137 - mai-oct. soir seult - 39/45 €.* Pour déguster des poissons et différentes variétés d'*arroces* dans un cadre contemporain ou sur une terrasse ombragée.

Prendre un verre

Repérez les adresses sur le ***plan détachable*** *et sur les* ***plans de Palma*** *p. 26 et* ***Maó*** *p. 70 grâce aux pastilles numérotées (ex.* **1** *).*

ÎLE DE MAJORQUE

PALMA

Plan de ville** **p. 26

1 Gibson – ***Plan II G2*** - *Pl. Mercat, 18 - ✆ 971 716 404.* Ce bar à la décoration moderne dispose d'une terrasse sympathique, à deux pas du Born. Parfait pour une pause-café... ou un cocktail en début de soirée.

3 Bar del Parc de la Mar – ***Plan II G3*** - À côté de la fresque de Miró, ce bar invite à une pause agréable, surtout le soir lorsque la cathédrale et la Almudaina sont éclairées. Concerts les jeu., vend. et sam. soirs.

ÎLE D'IBIZA

SUR L'ÎLE

Plan détachable

9 Bar Anita (Ca n'Anneta) – ***G1-2*** - *Pl. de la Iglesia - St Carles de Peralta - ✆ 971 335 090 - été : 7h30-2h; hiver : 7h30-0h.* Un des bars les plus anciens de l'île, un endroit typique où l'on sert de très bonnes tapas et *raciones* en salle ou en terrasse.

11 Café del Mar – ***E2*** - *Lepant, 4- Sant Antoni de Portmany - ✆ 971 396 464 - www.cafedelmarmusic.com - avr.-oct. : tlj à partir de 16h.* L'intérieur est blanc, serti de petit nuages au plafond, mais le must est bien sûr d'être installé à l'extérieur pour admirer le coucher de soleil... sur fond de musique. Vous retrouverez leur programmation sur le site Internet. Consommations un peu chères. Petit conseil, arrivez au moins 2h avant le coucher du soleil !

13 Burger & Music Boheme – ***F2*** - *Venda de Fruitera, 2-3 - Santa Gertrudis de Fruitera.* Dans un cadre chic et branché, on y déguste café, thé, jus de fruits naturels et cocktails. Musique live à partir de 23h.

ÎLE DE MINORQUE

MAÓ

Plan de ville** **p. 70

5 Gallery – ***Plan B1*** - *Moll de Llevant, 12-13, Port Marítim - ✆ 971 367 614 - tapas 4 €.* Exposition et vente de tableaux. Sur la grande ardoise, laissez vous-même vos œuvres. Les tapas élaborées sont servies avec une salade et le traditionnel *pan con tomate*. Musique pop et jazz.

CIUTADELLA

Plan détachable

7 Es Molí des Comte – ***J1*** - *Av. Constitució, 22 (à côté de l'office de tourisme) - 7h30-2h - ✆ 971 581 414.* Dans un ancien moulin, c'est un bar mythique à Ciutadella. Ses salles voûtées accueillent également un restaurant *asador* (25 €).

Café bar es Molí, Ciutadella, Minorque.

SALIDA
MOLÍ DES
COMTE
ASADOR
SORTIDA

Shopping

*Repérez les adresses sur le **plan détachable** et sur les **plans de Palma** p. 26 et 30, **Maó** p. 70 et **Eivissa** p. 81 grâce aux pastilles numérotées (ex. 1).*

ÎLE DE MAJORQUE

PALMA

Plan de ville p. 26

Les marchés

1 Le **Marché des Artisans** (Mercado de Artesanos) est situé sur la plaça Major (***Plan II H2***). Vous y trouverez des articles en cuir ou en bois d'olivier, de la céramique, de l'orfèvrerie, etc. Au-dessous, petit centre commercial.

3 **Mercat de l'Olivar** – ***Plan II H1*** - *Pl. de l´Olivar - ✆ 971 720 314 - www.mercatolivar.com - lun.-jeu. et sam. 7h-14h30, vend. 14h30-20h* - P. Très haut en couleurs, le marché regorge de produits majorquins. Admirez les très beaux étals de poissons et de crustacés, de charcuterie, fromages, vins, huiles, et la multitude de graines, herbes et fruits secs de la boutique **Especias Crespí**, une institution depuis 1940 ! Mais aussi paniers et chapeaux...

5 **Mercat Santa Catalina** – ***Plan II E2*** - *Pl. de Navegació - ✆ 971 730 710 - lun.-jeu. 8h-14h (vend.-sam. 14h30)*. Un peu plus petit mais tout aussi agréable. Trois bars à tapas, poissons, épices, fruits, légumes et produits locaux (dont Especias Crespí, voir ci-dessus).

La **carrer de Sant Miguel** (***Plan II H1/2***) fourmille de magasins où vous trouverez toute la mode espagnole. Sur le **passeig del Born** (***Plan II G2/3***), des boutiques chic et de luxe. Nombreuses bijouteries de perles autour de la **plaça Cort** (***Plan II G1/2***) et jusqu'à la plaça Mayor.

Divers

7 **Horno Santo Cristo** – ***Plan II G2*** - *Paraires, 2 - ✆ 971 712 649*. *Ensaimadas* de grande taille, aussi appétissantes que bien présentées, dans une boutique centenaire.

10 **Un Mundo de Hamacas** – ***Plan II G2*** - *Forn del Racó, 1 - ✆ 971 227 602 - www.unmundodehamacas.com - été : lun.-vend. 10h30-20h30, sam. 10h30-14h30 ; reste de l'année : se rens*. La boutique est située tout près de la plaza Mayor. Des hamacs et des accessoires de toutes les formes et de toutes les couleurs !

13 **Típika** – ***Plan II G3*** - *Morey, 1 - ✆ 971 729 893*. Articles d'artisans majorquins, livres, déco pour la maison, jouets et produits locaux.

ALCÚDIA

Plan détachable

La carrer de Moll, piétonne, foisonne de petites boutiques et de restaurants.

16 **Etcetera** – ***C1*** - *En Serra, 17 B - ✆ 971 527 356*. Boutique de souvenirs, produits régionaux, déco, accessoires.

18 **Baccus** – ***C1*** - *Moll, 9 - ✆ 639 743 349.* Une boutique alléchante spécialisée dans les vins et liqueurs mais aussi huiles d'olive, fleur de sel, charcuteries et fromages.

MANACOR

Plan détachable
20 **Majorica** – ***C2***- *Ctra Palma-Artà, km 47 - ✆ 971 550 900 - www.majorica.com - horaires d'ouverture variables selon la saison.* Cette fabrique de perles artificielles existe depuis 1890. Vous pouvez assister à la fabrication.

SUR L'ÎLE

Plan détachable
23 **Flor de Sal d'es Trenc** – ***C3*** - *Ctra de Campos, Coloni Sant Jordi, km 10, Campos (rte de la plage d'es Trenc) - ✆ 971 655 306 - http://flordesaldestrenc.com - 10h30-12h, 16h-17h30.* Vente de la production de sel (*p. 58*) et de fleur de sel aromatisée à l'olive noire, au curry, à la rose, saveur méditerranéenne… dans une jolie petite boutique aux volets bleus. Autre boutique à Santanyí (**24** ***C3*** - *Pl. Mayor, 15*) et à Alcúdia (**25** *c/ Mayor, 30*).

ÎLE DE MINORQUE

CIUTADELLA

Plan détachable
26 Ce superbe **marché** ***J1*** (1895), est situé plaza de la Libertad, au cœur de la ville. Ses arcades, ses carreaux de céramiques vert et blanc en damier et ses volets blancs font son originalité.

ES MERCADAL

Plan détachable
28 **Centro Artesanal de Menorca** – ***K1*** - *Recinte Fira - Metge Camps, s/n - ✆ 971 154 436.* Ce centre dispose d'une boutique proposant nombre de produits artisanaux, traditionnels ou plus actuels, réalisés sur l'île (chaises, céramiques, argenterie, miel, etc.).

FERRERIES

Plan détachable
Le samedi matin, la plaça d'Espanya s'anime avec un petit **marché** d'artisans et de producteurs locaux.
31 **Artesania Maria Janer** – ***K1*** - *Font, 4 - ✆ 971 374 002 - 9h30-13h30, 17h-20h15 (sam. 10h-13h30).* Vous trouverez les célèbres *avarcas Ria* (chaussures minorquines) de toutes les couleurs, certaines agrémentées de *sargantana*. Objets de décoration.
33 **Hort Sant Patrici** – ***K1*** - *Camí de Sant Patrici, s/n - ✆ 971 373 702 - www.santpatrici.com.* Outre ses fromages (Maó-Menorca) et ses vins, la boutique présente des produits locaux de qualité.
35 **Can Doblas** – ***K1*** - *Pl. Jaume I - ✆ 971 155 021 - www.candoblas.com - 10h-13h, 17h-19h30, sam. 10h-13h - fermé dim.* Vente d'*avarcas* faits-main.

ALAIOR

Plan détachable
37 **La Payesa** – ***K2*** - *Es Banyer, 64 - ✆ 971 371 072 - www.lapayesa.es - tlj sf w.-end 9h-13h, 16h-19h.* Depuis plus de 50 ans, retrouvez le savoir-faire

de cette fromagerie qui combine les techniques anciennes et modernes pour leurs fromages sec, demi-sec ou allégé.

39 **S'Altra Senalla** – **K2** - *C. Menor, 21 - 971 371 110 - www.saltrasenalla.org.* De bons produits issus du commerce équitable.

41 **Cas Sabater Pagès** – **K2** - *Pl. Nova, 4 - 971 378 694 - tlj sf w.-end 10h-13h, 17h-20h.* Les *avarcas* traditionnelles au meilleur prix !

ÎLE D'IBIZA

EIVISSA

Plan de ville** **p. 81

Le **Marché médiéval d'Ibiza** (Mercado Eivissa Medieval) se tient le 2e w.-end de mai, dans l'enceinte fortifiée de la ville haute (recinto Amurallado de Dalt Vila). *Agenda culturel p. 142.*

43 **Forn Can Bufí** – ***Hors plan*** - *Catalunya, 18 ou juste à côté au Nouveau Marché (Mercat Nou), tous les matins - 971 392 421.* Pour déguster les pâtisseries traditionnelles de l'île. Un paradis pour les gourmands. Autre boutique à Santa Gertrudis de Fruitera *(Venta de Parada, 1,* ***F2,*** 44*).*

53 **Boutique Pacha** – ***Hors plan*** - *Av. 8 d'Agost - La Marina.* Boutique de la célèbre discothèque. Vêtements, sacs et accessoires griffés à l'emblématique cerise.

SUR L'ÎLE

Plan détachable

47 **Las Dalias** – **G1-2** - *Ctra de Sant Carles, km 12 - Sant Carles de Peralta - 971 326 825 - www.lasdalias.com - avril-oct.* Depuis 1954, le marché hippie se tient chaque samedi (10h-20h), le dimanche en août (19h-1h) et le lundi soir (Night market) de juin à septembre. Soirées *Namasté* avec Dj's le mercredi (21h). Restaurant avec menu ethnique, végétarien et poisson.

50 **Marché artisanal** – **F1** - *Sant Miquel de Balansat - juin-sept. : jeu. 18h-21h, sur la place de Sant Miquel.*

56 **Te Cuero** – **F1** - *Pl. Iglesia - Santa Gertrudis de Fruitera - 971 197 100 - lun.-vend. 11h-14h, 19h-21h, sam. 11h-14h - fermé dim.* Articles de cuir, sacs, ceintures, chaussures, etc.

ÎLE DE FORMENTERA

Plan détachable

59 **Marché et Foire artisanale** – **I** - *La Mola - El Pilar de la Mola - juin-oct. : merc. et dim. 16h-22h.* La foire artisanale regroupe de nombreux créateurs autour du bois, de l'argent, du cuir, etc. Lancés par la vague hippie des années 1960, les jeunes artisans d'aujourd'hui perpétuent cette richesse incontournable. Concerts et arts de la rue.

62 **Marché de l'art** (Mercat Artes) – **H** - *Sant Ferran de ses Roques - mai-oct. : jeu.-sam. 20h30-0h.* Artisans et musiciens autour de la mode hippie.

Les sandales « Avarcas », produites à Minorque.

Sortir

Les stations du littoral disposent d'un front de mer animé, où il fait bon se promener dans la fraîcheur du soir. On y trouve la plupart des bars et des restaurants. Bien entendu, la vie nocturne est nettement plus paisible à l'intérieur des terres... à l'exception peut-être de Pollença.

Repérez les adresses sur le ***plan détachable*** *et sur les* ***plans de Palma*** *p. 26 et 30,* ***Maó*** *p. 70 et* ***Eivissa*** *p. 81 grâce aux pastilles numérotées (ex. 1).*

ÎLE DE MAJORQUE

PALMA

Plan de ville p. 26

La vie nocturne de Palma se concentre (pour l'essentiel) sur le **passeig Marìtim** et dans le quartier de **sa Llotja**.

1 **Ábaco** – ***F3*** *- Sant Joan, 1 - 971 714 939 - dim.-jeu. 20h-1h, vend.-sam. 20h-3h - cocktails 8/16 €, cavas et champagnes 85/150 €.* Ce bar à cocktails est assez surprenant : derrière l'immense portail d'entrée, on découvre une avalanche de fruits et de fleurs dans la grande salle. Banquettes et petites tables rondes, le tout sur fond de musique classique. Derrière le bar, les serveurs sont très chic. À l'étage, on visite les appartements aménagés dans un style majorquin du 18e s. dont le mobilier a été conservé (photos interdites). Belle cour intérieure, garnie de sièges en osier, de végétation luxuriante et d'une fontaine centrale. Même si le tarif des consommations peut être jugé un peu cher, le lieu est à voir !

3 **Vamp** – ***EF1*** *- Industria, 3 - ☎ 670 729 871 - merc.-sam. 22h30 - entrée 5 €.* Vous pourrez écouter du reggae, du rock, de l'indie... dans la petite salle voûtée de ce café-concert, situé dans un des 4 moulins réhabilités.

5 **Agua Bar** – ***F3*** *- Jaume Ferrer, 6 - www.aguabar.com.* Un endroit sympa, peuplé d'Anglo-Saxons. En vitrine, un aquarium, inspiration du nom du pub ? Petite salle tout en longueur, musique rock au programme. Dimanche, musique live.

7 **Abraxas** – ***B2*** *- Av. Gabriel Roca, 42 - ☎ 971 455 908 - www.abraxasmallorca.com.* Intérieur en pierres apparentes, canapés blancs et décoration rococo. Superbe terrasse sur le Paseo Maritimo. Un lieu où le public select de Palma ondule au son des musiques tendance.

9 **Discoteca Tito's** – ***B2*** *- Pg Maritim - http://titosmallorca.com.* Dans un décor futuriste, cette discothèque de 1923 est digne de celles d'Ibiza ! Musique house ou techno.

ÎLE DE MINORQUE

CIUTADELLA

Plan détachable

Le week-end, les bars et restaurants du port font le plein. Dans la vieille ville, plus calme, un lieu mérite la visite : **La Margarete** (11 ***J1*** *Sant Joan, vend.-sam.*), un bar avec jardin intérieur qui propose régulièrement des concerts.

CALA D'EN PORTER

Plan détachable

13 **Cova d'en Xoroi** – ***K2*** - *www.covadenxoroi.com - vend.-sam. à partir de 23h - entrée 18/20 €.* Ce lieu insolite (*p. 72*), où les DJ's internationaux se produisent, attire les jeunes. Voir le calendrier des événements sur le site.

ÎLE D'IBIZA

EIVISSA

Plan de ville p. 81

Ibiza est le grand repaire des *clubbers* qui viennent chaque année se déhancher sur des rythmes plus ou moins endiablés. Pour ceux qui souhaitent rester en ville, le quartier de **sa Penya** concentre la majorité des bars et discothèques. Plusieurs d'entre elles jouissent d'une renommée internationale et certaines possèdent leur propre radio ou chaîne de télévision. Les soirées coûtent en général entre 25 et 60 €, mais il existe des coupons de réduction. Billets en vente sur Internet, dans les points de vente spécialisés ou sur place.

15 **Pacha** – ***Hors plan de ville*** - *Av. 8 de Agosto, pg Marítim - www.pacha.com - ☏ 971 313 612.* La plus ancienne discothèque (depuis 1967) et la plus célèbre (David Guetta, entre autres, s'y produit chaque jeudi de juin à oct.). Son logo aux deux cerises s'affiche partout dans les rues.

17 **El Divino** – ***Hors plan de ville*** - *Pg Rei Juan Carlos I, 3 - www.eldivino-ibiza.com.* Ambiance glamour et vaste terrasse avec vue sur la vieille ville. Navettes pour ceux qui souhaitent y arriver en bateau.

19 **Space** – ***Hors plan de ville*** - *Route de l'aéroport - platja d'en Bossa - www.space-ibiza.es.* Le club ouvre ses portes à 8h du matin, pour les *after*.

SUR L'ÎLE

Plan détachable

21 **Km 5** – ***F3*** - *Ctra de San José, km 5,6 - www.km5-lounge.com.* Contrairement aux autres clubs, son entrée est gratuite.

23 **Amnesia** – ***F2*** - *Ctra Eivissa-Sant Antoni, km 5 - Sant Rafel de sa Creu - ☏ 971 198 041 - www.amnesia.es - de déb. juin à déb. oct.* Un des grands clubs d'Ibiza où l'installation de 24 lasers colorés donne du relief à la musique électro.

25 **Privilege** – ***F2*** - *Sant Rafel de sa Creu - ☏ 971 198 160 - www.privilegeibiza.com - de déb. juin à déb. oct.* Soirées à thème, comme *Supermartxé* avec une explosion de couleurs et de sons pour chaque spectacle (15 vendredis) ; ou encore *Manimalz Night*, créé par le Français Dan Marciano, ambiance jungle et sauvage ! (3 mardis, en juin).

27 **Somiart** – ***G2*** - *Paseo Marítimo - Santa Eulària des Ríu - ☏ 971 336 386 - www.somiart.com.* Une belle coupole blanche et une agréable terrasse vous accueillent avec de la musique jazz ou *lounge* le jour. Un restaurant, des concerts, des acrobaties et des représentations théâtrales modernes, la nuit.

Sports et loisirs

CYCLOTOURISME ET VTT

Un réseau routier de qualité et un climat en général doux font des Baléares le lieu rêvé pour les amateurs de cyclotourisme.
Les offices de tourisme donnent des informations sur les différents circuits possibles. La plupart sont sans difficulté excessive, si l'on excepte la Serra de Tramuntana, sur l'île de **Majorque**, aux pentes assez raides. Le cyclisme y est très pratiqué et le nombre des cyclistes, ainsi que l'étroitesse des routes, imposent aux automobilistes une certaine prudence.
Les **sentiers de randonnée** sont également nombreux à l'intérieur des terres, notamment dans la Serra d'Alfàbia, autour d'Orient, Alaró et Lluc. Certains itinéraires sont détaillés sur le site : *http://www.illesbalears.es/esp/mallorca/cicloturismo.jsp?SEC=CTU*.
De par sa petite taille, **Formentera** peut être entièrement parcourue à vélo, d'autant que le terrain y est assez plat.
Plus d'informations sur les sites : *www.mallorcabybike.es, www.disfrutamenorca.com/cicloturismo, www.menorcacicloturista.com*.

RANDONNÉES

Île de Majorque

La plupart des sentiers de randonnée sillonnent la **Serra de Tramuntana**, bordant la Côte rocheuse, zone la plus élevée de l'île, parcourue par de spectaculaires torrents. D'une altitude plus modeste, la **Serra de Llevant**, à l'est de Majorque, est également appréciée des randonneurs.
Enfin, le littoral ménage de belles possibilités de balades permettant d'accéder à des **plages isolées**, inaccessibles aux automobilistes, comme les plages d'Artà (dans le Parc naturel de Llevant), ou encore celles de la région de Manacor.

Île de Minorque

Sur la côte nord, vous trouverez quelques-uns des parcours les plus escarpés (et les plus beaux) de l'île, comme le sentier qui relie Punta Natí à Cala Morell et que l'on peut poursuivre jusqu'à Cala Carbó. Pour découvrir des paysages agrestes, vous pouvez emprunter le sentier entre la Muntanya Mala et Cala Pregonda, via Ets Alocs.
Le **Camí de Cavalls** (Chemin des Chevaux) est un sentier de 220 km qui fait le tour de l'île. Tracé à la fin du 17e s., il avait pour but de relier les tours de défense qui protégeaient la côte minorquine. Aujourd'hui, il dessert la plupart des plages et des calanques.

Île d'Ibiza

Presque tous les sentiers empruntent d'anciens chemins utilisés jadis par les bergers et les bûcherons. Les régions les moins intéressantes pour

la randonnée sont les vallées et les monts de els Amunts au nord, et le territoire de la municipalité de Sant Josep de sa Talaia au sud-ouest.
Fédération Balear de Montañismo : *www.fbmweb.com.*

Île de Formentera

Il existe plusieurs circuits de **randonnée** et de **cyclotourisme** à travers l'île, dont le superbe Camí de sa Pujada, qui part de l'hôtel de los Pinos, à gauche après es Caló *(50mn AR).*

PLAGES ET CALANQUES

Difficile de profiter pleinement des îles sans piquer une tête dans la mer, sur une des nombreuses plages ou calanques (les *calas*) du littoral. La mer, d'un bleu soutenu et d'une transparence inouïe, est une invitation à la baignade ! Vous n'aurez que l'embarras du choix, surtout si vous disposez d'un véhicule : on compte plus de 200 plages et calanques accessibles à Majorque, 75 à Minorque, 86 à Ibiza et Formentera. Et nombre d'entre elles sont devenues, du fait de leur orientation, des lieux recherchés pour assister à de merveilleux couchers de soleil.
www.platgesdebalears.com.

PARCS ET ESPACES NATURELS

Parc national de l'archipel de Cabrera (Majorque) – *971 656 282 - visites guidées 630 982 383 - www.magrama.gob.es/es/red-parques-nacionales.* Accès par bateaux touristiques agréés au départ de différents ports (Palma, Cabrera, Porto Petro, Colonia de Sant Jordi, etc.). Autorisation préalable requise pour les bateaux personnels ou de location.
Cala Mondragó (Majorque) – *971 181 022.*
Península del Levant (Majorque) – *971 836 828.*
Sa Dragonera (Majorque) – *971 580 632.*
S'Albufera de Mallorca (Majorque) – *971 892 250.*
S'Albufera des Grau (Minorque) – *971 177 505.*
Ses Salines d'Eivissa i Formentera – *971 301 460.*
Serra de Tramuntana (paraje natural) – *971 517 083.*

PLONGÉE SOUS-MARINE

Les amateurs de plongée ne sauront où donner de la tête, avec les somptueux fonds sous-marins de la région. Les écoles de plongée proposent le matériel nécessaire à la vente ou à la location.
Minorque est un des lieux les plus recommandé notamment dans les eaux de Cala Rafalet sur la côte sud, de l'îlot del Aire ou dans la Réserve Maritime de la côte nord.
À Formentera, vous plongerez à partir de sa Sabina ou de la plage de Migjorn.
Il faut savoir que les îles Baléares comptent sept **réserves maritimes** : la baie de Palma, Migjorn, Llevant, Isla del Toro, Illes Malgarts, Nord de Minorque et Freus d'Ibiza-Formentera. Pour plonger dans ces endroits, il faut absolument obtenir une autorisation. Informations sur les

centres de plongée : *www.yumping.com/buceo/islas-baleares*, ou à la Federación Balear de Actividades Subacuática : *www.fbdas.com*.

WINDSURF

Sur les côtes, vous trouverez de multiples écoles et clubs nautiques qui vous permettront de recevoir une initiation ou de louer du matériel.
De façon générale, l'été n'est pas la saison la plus indiquée pour pratiquer ce sport, les vents étant d'ordinaire bien plus faibles que dans la période d'octobre à avril.
Sur **Minorque**, la baie de Fornells est le lieu idéal pour s'initier à la pratique du windsurf, car elle est balayée par une brise constante, tout en étant protégée par les courants de haute mer. On peut également pratiquer le windsurf à **Formentera**, surtout au printemps, lorsque les vents sont favorables (et la température agréable). Les meilleurs spots se situent sur la côte nord : il s'agit de la zone située entre sa Savina, Estany des Peix et Estany Pudend.

NAUTISME

C'est l'activité la plus pratiquée sur les îles, dont le calendrier est rythmé par des régates prestigieuses. Parmi celles-ci, citons le trophée Reina Sofía, la Coupe du Roi (Copa del Rey), ou le Trophée Almirante conde de Barcelona disputés à Majorque ; le Trophée Almirante Ferragut de Snipes à Minorque ; ou encore la Route du Sel ou la Semaine Internationale de Voile à Ibiza.
Pour les plaisanciers, informations complètes sur les ports et leurs ressources, ainsi que sur la location *www.anade.info*.
À Majorque – La plupart des sports nautiques peuvent être pratiqués au nord de la Côte rocheuse : plongée, voile, ski nautique, etc.
À Minorque – Les plages des alentours de Ciutadella proposent de nombreuses activités nautiques : voile, plongée, surf, etc. Des mini-croisières sont également organisées, du port de Ciutadella, pour découvrir la côte ouest *(se renseigner au port)*.
À Maó et dans les environs, il existe plusieurs centres nautiques au port (locations et cours de voile) et des centres de plongée vers Sant Lluís.
À es Grau, le centre Menorca en kayak *(www.menorcaenkayak.com)* organise des excursions (formules mixtes kayak + randonnée), des stages d'initiation et propose la location.
À Fornells vous trouverez des activités nautiques très variées (plongée, voile, ski nautique, etc.).

Randonnée dans le canyon de Torrent de Pareis, Majorque.

Se loger

Notre sélection d'hôtels et de pensions est présentée sur la base du prix d'une chambre double sans petit-déjeuner. (précisé, s'il est inclus) en haute saison et toutes taxes comprises.
Les hôteliers appliquent un tarif haute saison, sensiblement supérieur, au mois de juillet, et plus encore au mois d'août, ainsi que durant la Semaine sainte, période de vacances espagnole par excellence.
Les *hostales* incluent souvent la taxe dans leur prix, mais les hôtels de catégorie supérieure la rajoutent à l'addition. Sachez que les hôtels d'affaires sont moins chers le w.-end.

Repérez les adresses sur le ***plan détachable*** *et sur les* ***plans de Palma*** *p. 26 et 30,* ***Maó*** *p. 70 et* ***Eivissa*** *p. 81 grâce aux pastilles numérotées (ex. 1).*

ÎLE DE MAJORQUE

PALMA

Plan de ville p. 26

De 90 à 130 €

5 **Hotel Born** – ***G2***- *Sant Jaume, 3 - 971 712 942 - www.hotelborn.com - - 36 ch. 90/130 €.* Au cœur de la vieille ville, l'hôtel occupe un palais du 16e s., transformé au 18e s., qui vous surprendra dès votre entrée par son charmant patio de style ibizan. Accueil sympathique.

6 **Ca Sa Padrina** – ***H2*** - *Tereses, 3 - 971 425 300 - www.hotelcasapadrina.com - 6 ch. 88 €.* Une demeure de caractère du 19e s., meublée et décorée dans le style bourgeois de l'époque, abrite cet hôtel de bon confort. Les chambres disposent d'une baignoire-Jacuzzi. Une bonne option dans sa catégorie, malgré l'absence de petit-déjeuner.

13 **UR Misión de San Miguel** – ***H1*** - *Can Maçanet, 1A - 971 214 848 - www.urhotels.com - 32 ch. 98/130 € - 12 € - 17,50 €.* Un petit hôtel « urbain-rural » plein de charme installé dans deux bâtiments anciens répartis autour d'un patio. Chambres modernes et confortables.

18 **Hotel Feliz** – ***B2*** - *Av. Joan Miró, 74 - 971 288 847 - www.hotelfeliz.com - 44 ch. 109/199 €.* Dans la partie haute de El Terreno, à côté de la route du château de Bellver, un édifice plein de charme, orienté vers la mer. Le jardin est particulièrement agréable, l'accueil, soigné et le décor, design. Les chambres sont dotées de grandes terrasses, certaines donnant sur la mer. Piscine, spa et massages. Un bon endroit pour quelques jours de repos.

Plus de 130 €

12 **Santa Clara Urban Hotel & Spa** – ***H3*** - *Sant Alonso, 16 - 971 729 231 - www.santaclarahotel.es - 130/220 € - 15 €.* Une noble demeure magnifiquement restaurée abrite cet hôtel à taille humaine et aux

chambres à la décoration très design. Spa et terrasse avec vue superbe.

19 **Palau Sa Font** – **F2-3** - *Apuntadors, 38 - 971 712 277 - www.palausafont.com - - - 19 ch. 140/179 €*. Cet hôtel est installé dans un palais du 16e s. rénové et décoré avec un mélange d'éléments anciens et contemporains. Des tissus aux couleurs chaudes habillent les briques et la céramique. De la tour, vue dégagée sur la vieille ville.

20 **Tres** – **F3** - *Apuntadors, 3 - 971 717 333 - www.hoteltres.com - 41 ch. 220/280 €*. Deux palais datant du 16e s. reliés par un patio et une belle terrasse. Chambres confortables au décor d'un design minimaliste très contemporain. Accueil très agréable.

SUR L'ÎLE

Plan détachable

À partir de 60 €

1 **Santuari de Lluc** – **B1** - *Pl. Peregrins, 1 - Lluc - 971 871 525 - www.lluc.net - 81 ch. et 39 appart. avec cuisine 60 € - 1/2 P 104 €.* Le monastère a transformé ses anciennes cellules en des chambres austères qui se succèdent le long d'une galerie. Simplicité monacale.

De 90 à 150 €

9 **Hotel Mar i Vent** – **A2** - *Major, 49 - Banyalbufar - 971 618 000 - www.hotelmarivent.com - fermé déc.-janv. - 29 ch. 90/115 € - 10 € - 25 €.* Hôtel familial de charme (4e génération...) dominant la mer, au cœur d'un village accroché aux pentes de la Tramuntana. La maison ancienne est aussi belle à l'extérieur qu'à l'intérieur.

10 **Sa Posada d'Aumallía** – **C3** - *Camí son Prohens, 1027 - à l'ouest de Felatnix - 971 582 657 - www.aumallia.com - fermé de nov. à mi-fév. - - 14 ch. 117/130 €.* Cet hôtel rural, situé dans un parc luxuriant, possède de grandes pièces meublées à l'ancienne. Les chambres sont spacieuses et la piscine idéale pour se relaxer.

15 **Hotel Son Trobat** – **D2** - *Route de Manacor à Sant Llorenç des Cardassar - à 4,8 km au nord-est de Manacor par la Ma 15 - 971 569 674 - www.sontrobat.com - fermé déc.-janv. - - 22 ch. à partir de 110 € - 27 €.* Dans cette grande propriété située en pleine campagne, le charme rustique s'harmonise avec la luxueuse infrastructure (deux piscines, Jacuzzi, hammam, sauna...).

17 **Es Petit hotel** – **B2** - *Uetam, 1 - Valldemossa - 971 612 479 - www.espetithotel-valldemossa.com - 8 ch. 104/130 €.* Dans une belle demeure de caractère, à deux pas de la célèbre chartreuse, une maison d'hôtes confortable, au cadre raffiné, et à l'accueil charmant.

Plus de 150 €

7 **S'Olivaret** – **B2** - *Sortie 17 de la Ma 13, à 3 km au nord d'Alaró - Alaró - 971 510 889 - www.solivaret.com - 25 ch. 175/195 € - 30 €.* Cette *finca*, établie au 15e s., s'étend sur 75 ha. Très joliment restaurée, elle possède deux piscines (l'une intérieure, l'autre extérieure) et

propose de grandes chambres bien décorées. Le lieu est calme à souhait et l'accueil souriant. Le restaurant sert de délicieux mets, entre tradition et modernité.

16 **Petit Hotel Cases de Pula** – ***D2*** - *À 3 km au nord de son Severa, dans le golf de Pula, ctra de Capdepera, km 3 - son Servera - ✆ 971 567 492 - www.pulagolf.com* - - *10 ch. 240 €* . Ce petit hôtel, sis dans un bâtiment du 16e s., se trouve en bordure du golf de Pula. Il allie le charme des anciennes demeures à un décor et un confort modernes. Chambres aussi vastes qu'agréables.

ALCÚDIA

Plan détachable

De 95 à 130 €

4 **Can Tem** – ***C1*** - *Església, 14 - ✆ 971 548 273 - www.hotelcantem.com - 6 ch. 95/130 €* . Cette grande maison du centre-ville, entièrement restaurée, date du 17e s. Les propriétaires en ont fait un lieu agréable et serein. Les chambres sont grandes et le patio est un lieu idéal pour le petit-déjeuner. Accueil adorable.

8 **Hotel Sant Jaume** – ***C1*** - *Sant Jaume, 6 - ✆ 971 549 419 - www.hotelsantjaume.com - fermé déc.-janv. - 6 ch. 95/110 €* . Installé dans une maison seigneuriale du 19e s., dans le centre de la ville, ce bel hôtel propose six chambres spacieuses mêlant décoration ancienne et moderne. Agréable patio. Accueil impeccable.

POLLENÇA

Plan détachable

De 70 à 110 €

11 **Hotel Desbrull** – ***C1*** - *Marqués Desbrull, 7 - ✆ 971 535 055 - www.desbrull.com - 6 ch. 70/90 € (IVA en sus)*. Au cœur de la ville, un petit « hôtel d'intérieur » très design, où règnent le calme et l'harmonie. Ouvert toute l'année.

14 **L'Hostal** – ***C1*** - *Mercat, 18 - ✆ 971 535 281 - www.pollensahotels.com - 6 ch. 90/110 €* . Une demeure ancienne au décor résolument contemporain proposant des chambres confortables et lumineuses.

ÎLE DE MINORQUE

AUTOUR DE CIUTADELLA

Plan détachable

De 65 à 130 €

27 **Biniatram** – ***J1*** - *Camí de Maó, 149 (à 700 m de Cala Morell, et 7,5 km au nord-est de Ciutadella) - ✆ 971 383 113 - www.biniatram.com - - 6 appart. pour 2 à 4 pers. 65/123 € - 8 €*. Au cœur de la campagne, une maison rurale dans une propriété agricole. La décoration est simple, les chambres bien tenues et le parc ombragé d'arbres centenaires.

Plus de 150 €

35 **Hotel rural Morvedra Nou** – ***J1*** - *Au sud-est de Ciutadella - camí de Sant Joan de Missa, km 7 - ✆ 971*

L'Hotel Born, Palma, Majorque.

359 521 - www.morvedranou.es - - de déb. avr. à déb. oct. - 19 ch. 108/226 € - 22 € (fermé mar. midi). Une ancienne ferme entièrement réhabilitée. La décoration allie le bois et la pierre. Certaines chambres sont dotées d'une terrasse privative.

MAÓ

***Plan de ville** p. 70*

De 90 à 160 €

29 **Casa Albertí** – ***B1*** - *Isabel II, 9 - 971 354 210 - www.casalberti.com - 6 ch. 90/160 €.* Cet hôtel est installé au cœur de Maó, dans une maison seigneuriale de 1740 joliment rénovée. Six grandes chambres se répartissent autour d'un escalier impressionnant. Accueil chaleureux.

30 **San Miguel** – ***B2*** - *Comerç, 26 - 971 364 059 - www.hotelsanmiguel-menorca.com - 16 ch. 85/160 € - 7 €.* Accueil charmant dans cet hôtel très confortable aux chambres personnalisées.

31 **Le Petit Spa Capri** – ***A1*** - *Sant Esteve, 8 - 902 361 400 - www.artiemhotels.com - 75 ch. 90/126 €.* Au cœur de la ville, un hôtel doté d'une piscine panoramique sur le toit terrasse. Confort et accueil agréables.

SANT LLUÍS

Plan détachable

Plus de 135 €

26 **Alcaufar Vell** – ***L2*** - *Route de Cala Alcalfar, km 8 - 971 151 874 - www.alcaufarvell.com - fermé 1er janv.-20 fév. et 24-25 déc. - 9 ch. 135/280 €.* Ce manoir du 14e s., décoré de manière élégante, offre un calme absolu à quelques kilomètres de Sant Lluís. Ses grandes chambres offrent une vue imprenable sur les 150 ha du domaine. Accueil soigné. Location de vélos.

FORNELLS

Plan détachable

De 45 à 135 €

51 **Hostal S'Algaret** – ***K1*** - *Pl. S'Algaret, 7 - 971 376 652 - www.hostal-salgaret.com - - 23 ch. 45/85 € - 30/35 €.* Un petit hôtel sympathique doté d'un bar à tapas et d'un restaurant réputé pour sa *caldereta de langosta.*

23 **Hostal La Palma** – ***K1*** - *Pl. S'Algaret, 3 - 971 376 634 - www.hostallapalma.com - - 23 ch. 52/132 €.* Ce petit hôtel se trouve sur la place principale, à deux pas du port, propose des chambres décorées de façon simple, et qui n'ont pas vue sur la mer.

FERRERIES

Plan détachable

De 100 à 150 €

22 **Agroturismo Son Triay** – ***K1*** - *Route de Cala Santa Galdana (Me 22) - à 3 km de Ferreries - 971 155 078 - www.sontriay.com - - 5 ch. 100 € - 7,50 €.* Situé près de la mer, ce petit palais de style italien à la façade couleur framboise se dresse dans un paysage luxuriant

et romantique. Les chambres sont belles et confortables (petites salles de bains). Également des bungalows *(97/150 €)*.

ÎLE D'IBIZA

EIVISSA

***Plan de ville** p. 81*

Le castell de la Almudaina d'Eivissa, devrait accueillir le premier **parador** des Baléares, mais les travaux sont actuellement interrompus en raison de découvertes archéologiques sur le site *(www.parador.es)*.

De 50 à 100 €

38 **Hostal Ebusitana** – ***Hors plan*** - *Bisbe Huix, 17 - 971 310 072 - www.hostalebusitana.com - 11 ch. 50/75 €.* Un lieu plein de gaieté et de couleurs aux chambres lumineuses. Une des rares options abordables de la ville.

37 **Hostal La Marina** – ***1*** - *Barcelona, 7 - 971 310 172 - www.hostal-lamarina.com - ▤ - 30 ch. 60/100 € - ✕.* Hôtel situé sur le port. Les chambres aux tons vifs ont, pour certaines, un balcon ou une terrasse donnant sur la mer. Accueil dynamique.

De 90 à 125 €

41 **Hotel Montesol** – ***1*** - *Pg Vara de Rei, 2 - 971 310 161 - www.hotelmontesol.com - ▤ - 55 ch. à partir de 90 €.* Construit en 1933, ce fut le premier hôtel de l'île. le bâtiment a de l'allure mais l'intérieur a quelque peu vieilli, d'où les tarifs acceptables.

54 **Hostal Parque** – ***1*** - *Pl. del Parque, 4 - 971 301 358 - www.hostalparque.com - ▤ - ch. 110 € (4 nuits mini juin-sept.).* Situé sur l'une des principales places de la ville basse, il propose de jolies petites chambres bien tenues. Terrasse et cafétéria.

43 **Hotel Náutico Ebeso** – ***Hors plan*** - *Ramon Muntaner, 4 - 971 302 300 - www.bghotels.com - 123 ch. à partir de 125 €.* Un hôtel de plage classique sur le front de mer. Chambres rénovées et d'un confort convenable. Parfois un peu bruyant.

Plus de 350 €

46 **La Torre del Canónigo (sa Torre d'en Canonge)** – ***2*** - *Major, 8 (Dalt Vila) - 971 303 884 - www.latorredelcanonigo.com - 8 ch. à partir de 350 €.* Un hôtel de rêve, au charme raffiné, dans un bâtiment du 14e s. situé au cœur de la vieille ville, une folie !

SUR L'ÎLE

Plan détachable

De 65 à 170 €

40 **Hostal Yebisah** – ***G2*** - *Pg de s'Alamera, 13 - Santa Eulària des Riu - 971 330 160 - www.hostalyebisah.com - fermé nov.-avr. - 26 ch. 65/120 € (3 nuits mini).* Hôtel très bien placé, en plein centre de Santa Eulària. Toutes les chambres, identiques et d'une taille raisonnable, sont décorées de façon simple. Très bon accueil.

36 **Ca sa Vilda Marge** – ***F1*** - *Apartado, 179 - Venda de Xarraca, 10 - Ctra de Portinatx - Sant Joan de*

Labritja - ✆ 971 333 234 - www.casavildamarge.com - 8 ch. (dble, quadruple, suite) 85/169 € ☕. Claire et Fabian vous accueillent dans un cadre paradisiaque entouré de vergers et de pinèdes. Les chambres portent les noms des plus belles *calas* de l'île. Fruits frais au petit-déjeuner. Piscine et bar pour la détente. Table d'hôte (réserv. préalable) dont les plats sont inspirés de leurs voyages. Excellent accueil.

44 **Finca La Colina** – ***F2*** - *À 5,5 km à l'ouest de Santa Eulària - Santa Eulària des Ríu - ✆ 971 332 767 - fermé déc.-janv. - 16 ch. 96/142 €* ☕. Petit hôtel simple et familial qui offre des chambres correctes et décorées avec goût. Sa situation sur le territoire de Santa Eulària et à proximité de l'unique rivière de l'île en fait une adresse intéressante.

Plus de 170 €

45 **Hotel Rural Es Cucons** – ***E2*** - *À 7 km de Sant Antoni - Santa Agnès de Corona - ✆ 971 805 501 - www.escucons.com - 14 ch. 200/294 €* ☕ - ✕. Le jeune couple propriétaire de cet hôtel a su transformer une ancienne grange en un petit bijou architectural, tout en préservant son origine. Luxe et simplicité au cœur d'une immense vallée plantée d'amandiers.

ÎLE DE FORMENTERA

Plan détachable

De 85 à 100 €

48 **Rocabella** – ***H*** - *Platja d'es Pujols - ✆ 971 328 130 - www.zulmarhotels.com - 76 ch 85/136 € (1/2 P obligatoire en août).* Hôtel très bien situé, en bord de plage et un peu à l'écart d'es Pujols. Décoration très basique. Une partie des chambres bénéficie d'une vue sur la mer. Accueil charmant.

49 **Sa Volta** – ***H*** - *Av. Miramar, 94 - es Pujols - ✆ 971 328 125 - www.savolta.com - 15 mars-15 déc. - 25 ch. 100/225 €* - ✕. Cet agréable petit hôtel familial de la « capitale » de l'île rénove peu à peu ses chambres, toutes dotées d'un balcon donnant sur la mer. Choisissez de préférence celles du troisième étage, plus modernes.

Plus de 100 €

47 **Hotel Cala Saona** – ***H*** - *Platja Cala Saona - ✆ 971 322 030 - www.hotelcalasaona.com - 114 ch. 126/240 €.* Entièrement rénové en 2014, l'hôtel est placé à un endroit rêvé : sur la plage, au bout d'une route calme, ce qui lui vaut une clientèle fidèle. Chambres petites mais confortables. Bon accueil. À certaines périodes, un séjour de plusieurs nuits est exigé.

Ca sa Vilda Marge, Sant Joan de Labritja, Ibiza.

Baléares pratique

Cala Salada, Ibiza.
A. Duquenoy / Michelin

Préparez votre voyage

EN AVION

Principales compagnies

Air Europa - ✆ 01 42 63 02 00 - www.air-europa.com. Cette compagnie, établie aux Baléares, propose des vols directs Paris-Palma en combinaison avec Air France.
Air France - ✆ 0 820 820 820 - www.airfrance.fr.
Iberia - ✆ 0 825 800 965 - www.iberia.com. Changement à Barcelone ou Madrid.

Compagnies low-cost

Attention, les tarifs affichés ne comprennent pas toujours les taxes d'aéroport (qui peuvent doubler le prix du billet), et divers suppléments (bagages, notamment) sont à prendre en compte.
Easyjet - www.easyjet.com. Vols de Paris à Palma et de Genève vers Palma et Ibiza.
Jet Air Fly - www.jetairfly.com. Vols saisonniers (avr.-oct.) vers Palma, Ibiza et Maó.
Ryanair - www.ryanair.com.
Vueling - ✆ 0899 232 400 - www.vueling.com. Liaisons quotidiennes Paris-Ibiza et Paris-Palma de Mallorca.
Smart Wings - www.smartwings.com.

Les aéroports

Site Internet commun à tous les aéroports espagnols : www.aena-aeropuertos.es, puis saisir le nom de l'aéroport voulu dans la fenêtre ad hoc.
Les principales compagnies de **location de voiture** (Europcar, Hertz, Avis, etc.) disposent toutes d'une antenne dans les halls d'arrivées.
Avis - ✆ 902 180 854 - www.avis.es.
Europcar - ✆ 902 105 055 - www.europcar.es.
Hertz - ✆ 902 402 405 - www.hertz.es.

MAJORQUE

Aéroport de Palma

Pour se rendre en ville : bus ligne 1 qui dessert les principaux points de la capitale de l'île et le Paseo Marítimo. Fréquence : 45mn environ. Prix : 3 €.
Principales destinations desservies : Bâle-Mulhouse (Easy Jet), Bruxelles-Charleroi (Ryanair), Genève (Easy Jet, Swiss), Paris-Orly (Transavia, Vueling, Air Europa). Vols saisonniers et plus ou moins réguliers de et pour Bordeaux, Deauville, Lille (Jet Air Fly), Lyon (Air Méditerranée), Marseille (Ryanair), Metz (Jet Air Fly).

MINORQUE

Aéroport de Mahón (Maó)

Pour se rendre en ville : bus ligne 10 jusqu'à la gare routière. Fréquence : ttes les 30mn en été, 1h en hiver. Prix : 2,60 €.
Principales destinations : Paris via Barcelone (Vueling, Ryanair), Palma (Air Nostrum).

IBIZA

Aéroport d'Eivissa

Pour se rendre en ville : bus ligne 10. Fréquence : ttes les 20mn en été, 30mn en hiver. Prix : 4,30 €
Principales destinations : Bruxelles-Charleroi (Ryanair), Marseille (Ryanair), Paris-Orly (Vueling).

FORMENTERA

Il n'y a pas d'aéroport sur l'île, que l'on gagnera seulement en bateau depuis Ibiza ou Denia.

EN BATEAU (PLUS VOITURE)

Notez que les sites **www.aferry.fr** et **www.directferries.com** permettent de comparer sur toutes les routes maritimes européennes, les horaires de traversée, les tarifs, et de réserver en ligne.
Si vous voulez vous rendre aux Baléares avec votre véhicule personnel, il vous faudra rouler jusqu'à Barcelone, Valence ou Dénia. Néanmoins, traverser avec son véhicule se révèle souvent très onéreux. Comptez autour de 400 € pour une voiture de tourisme.

Principales compagnies

Trasmediterránea – ✆ 902 454 645 - www.trasmediterranea.es. C'est la principale compagnie pour le trafic méditerranéen. Selon que vous réserviez un siège ou une cabine, comptez 120/240 €/pers. pour un trajet Barcelone-Palma AR, sans voiture.
Balearia – ✆ 902 160 180 - www.balearia.com. Elle offre la

Aéroport de Palma-Son Sant Joan, Majorque.

combinaison de trajets la plus complète sur les Baléares, et entre les Baléares et la péninsule. Comptez autour de 120/320 €/pers. pour une traversée Barcelone-Palma AR, sans voiture.
Iscomar – ✆ 902 119 128 ou 0034 971 437 500 (de l'étranger) - www.iscomar.com. Cette compagnie assure des trajets inter-îles.
Mediterranea Pitiusa – www.mediterraneapitiusa.net. Assure la liaison entre Ibiza et Formentera (toutes les heures).
Trasmapi – ✆ 902 314 333 - www.trasmapi.com. Même trajet et fréquence que la précédente.

Gares maritimes

Majorque – À **Palma** (liaisons avec

les principales villes de la côte est espagnole) et à **Alcúdia** (liaisons avec Barcelone et Ciutadella).
Minorque – À **Maó** et à **Ciutadella** (liaisons avec Barcelone et Majorque).
Ibiza – À **Eivissa** (liaisons avec la côte est espagnole, Majorque et Formentera), à **Sant Antoni de Portmany** (liaisons avec Denia et Valence) et à **Santa Eulària** (un ferry par jour en été vers Formentera - Cruceros Santa Eulalia - ✆ 971 332 251 - www.ferrysantaeulalia.com).
Formentera – À Port sa Savina (liaisons pour Ibiza et Denia).

DEPUIS LE CONTINENT

Du continent à Majorque

Barcelone-Palma – Balearia : 7 trav./sem., 7h15 de trajet ou Trasmediterránea : 7 trav./sem., 7h30.
Barcelone-Alcúdia – Balearia : 7 trav./sem., 6h30.
Denia-Palma – Balearia : 7 trav./sem., 8h.
Valence-Palma – Balearia : 7 trav./sem., 8h ou Trasmediterránea : 6 trav./sem., 8h.

Du continent à Minorque

Barcelone-Ciutadella – Balearia : 15 trav./sem., 5h30.
Barcelone-Maó – Trasmediterránea : 5 trav./sem., 8h30.
Valence-Maó – Trasmediterránea : 1 trav./sem., 14h45.

Du continent à Ibiza

Barcelone-Eivissa – Balearia : 5 trav./sem., 8h30 ou Trasmediterránea : 4 trav./sem., 9h.
Denia-Eivissa – Balearia : 10 trav./sem., 2h.
Denia-S. Antoni – Balearia : 13 trav./sem., 2h30.
Valence-Eivissa – Balearia : 3 trav./sem., 5h ou Trasmediterránea : 6 trav./sem., 6h30.
Valence-S. Antoni – Balearia : 4 trav./sem., 3h30 ou Trasmediterránea : 8 trav./sem., 2h55.

Du continent à Formentera

Denia-Formentera – Balearia : 13 trav./sem., 2h30.

D'île en île

Alcúdia - Ciutadella – Balearia : 10 trav./sem., 1h ou Iscomar : 12 trav./sem., 2h30.
Palma - Maó – Trasmediterránea : 1 trav./sem., 5h30.
Palma - Eivissa – Balearia : 3 trav./jour., 3h ou Trasmediterránea : 1 trav./sem., 4h.
Palma - Sant Antoni – Balearia : 8 trav./sem., 2h ou Trasmediterránea : 1 trav./sem., 4h.
Formentera - Eivissa – Balearia : 20 trav./jour, 30mn.
Plusieurs petites **compagnies maritimes** (Mediterránea Pitiusa, Trasmapi…) assurent en outre la liaison entre Formentera et Ibiza (Eivissa et Santa Eulària des Riu). Comptez 30mn à 1h de trajet.

TÉLÉPHONE

Pour appeler l'Espagne depuis la France, la Suisse et le Canada, composer le 00 suivi du 34 (indicatif du pays) et du numéro du correspondant à 9 chiffres.

Votre séjour de A à Z

BUS TOURISTIQUES

Majorque

Au départ de l'Almudaina, le **bus turístico n° 50** relie les principaux points d'intérêt de l'agglomération de Palma (17 €, enf. 8,50 €). Il est géré par l'**EMT** ou Empresa municipal de Transportes.
Le **bus turístico City Sightseeing Palma** propose un tour de la ville dans un autobus panoramique à étage agrémenté d'un commentaire sur les principaux monuments (audioguide fourni avec le billet, 8 langues dont le français). Fréquence : ttes les 20 à 30mn dans chacune des 16 stations, durée environ 1h30. Billets valables 24h (15 €, enf. 7,50 €) ou 48h (18,73 €, enf. 9,37 €).
Toutes informations et plan imprimable sur le site web www.mallorcatour.com.

CLIMAT

Il est bien entendu typiquement méditerranéen et se caractérise donc par des étés aussi chauds que secs, la canicule étant toutefois tempérée par la brise marine. L'absence de pluies, qui fait la réputation des Baléares, relève cependant de la légende : si les précipitations n'ont guère l'habitude de gâcher les vacances estivales, elles peuvent cependant se révéler relativement abondantes au printemps et surtout en automne lorsque sévit un phénomène appelé « bourrasque de la mer de Ligurie », qui provoque des pluies intenses mais de courte durée.
Les températures sont relativement stables d'une année sur l'autre ; la température moyenne des Baléares tourne autour de 17 °C, avec de faibles amplitudes entre la partie nord de l'archipel (Minorque) et sa partie la plus au sud (Formentera). Ces températures ne descendent de façon significative que dans la Serra de Tramuntana, où la moyenne se situe autour de 13 °C et où il arrive qu'il gèle au plus fort de l'hiver. Quant à la neige, elle reste un phénomène exceptionnel, et comme il a neigé sur la Côte rocheuse à la fin de l'hiver 2011-2012, il y a fort à parier qu'elle n'est pas près de refaire son apparition...
Printemps et automne – Mai-juin et septembre-octobre sont les périodes idéales pour visiter les Baléares : températures douces, rares pluies, plages et lieux touristiques y sont plus facilement accessibles qu'en été.
Été – Sur la côte, la brise marine modère une chaleur qui peut se révéler étouffante à l'intérieur des terres, affichant des valeurs dépassant parfois les 40 °C. Et bien entendu, il y a du monde partout !
Hiver – Avec des températures oscillant généralement entre 15 et 19 °C, c'est une période agréable pour visiter les îles.

CONSULTATS

France :
À Palma - Mateu Enrique Lladó, 1-2°- ✆ 971 730 301.
À Eivissa - Avda Ramón, 10 - ✆ 971 312 031.
Belgique :
À Palma, Consulat honoraire - Pg del Born, 15, 1R - ✆ 971 724 786.
Suisse :
À Palma - Antonia Marínez Fiol, 6-3° - ✆ 971 766 836 (9h-13h).
Luxembourg :
À Palma - Avda Jaume III, 4-1° - ✆ 971 228 507.

DÉCALAGE HORAIRE

L'Espagne a la même heure légale que la France, été comme hiver.

ÉLECTRICITÉ

Le voltage est le même qu'en France : 220 v.

HORAIRES

Musées et monuments – La plupart sont ouverts à partir de 9h (ou 10h) et ferment à 19h ou 20h selon la saison. Certains observent la pause déjeuner (et sieste !) entre 14h et 17h, et la grande majorité sont fermés le lundi, ainsi que les 1er et 6 janvier, les 25 et 26 décembre.
Restauration – Contrairement au reste du territoire espagnol, les restaurateurs des Baléares se sont adaptés aux horaires de leur clientèle étrangère : on peut déjeuner entre 12h et 15h30 et dîner à partir de 19h30. En outre, de nombreux lieux (bars, cafétérias) proposent un service ininterrompu permettant de déguster tapas, sandwichs (en particulier les fameux **panambolis**) et plats du jour à toute heure de la journée.
Banques et administrations – Généralement ouvertes du lundi au vendredi de 8h30 à 14h (ou de 9h à 13h en été). Il arrive que certaines agences ouvrent le jeudi après-midi.
Grands magasins – Ils sont en général ouverts du lundi au samedi entre 10h et 21h30 ou parfois 22h. En outre, selon la réglementation, les boutiques de plus de 300 m² peuvent ouvrir certains jours fériés (un maximum de huit par an).
Discothèques – La plupart d'entre elles ouvrent leurs portes à partir de 23h30 et ferment à 7h du matin... Mais on trouve à Ibiza des discothèques ouvertes en journée, et en journée seulement.

INTERNET

Dans la plupart des localités, vous pourrez vous connecter dans les cybercafés et les *locutorios* à un prix

Pas de panique !

Urgences médicales et pompiers : ✆ 112.
Police : ✆ 092 (police locale) ou 091 (police nationale).
Perte cartes bancaires :
Visa international : ✆ 913 991 124.
Visa Premier : ✆ 900 991 216.
Eurocard/Master Card : ✆ 900 971 231.

très raisonnable (entre 0,70 € et 1 € l'heure). La majorité des hôtels et certains bars possèdent une connexion Wi-Fi.

JOURS FÉRIÉS

1er janvier – Jour de l'an.
6 janvier – Fête des Rois mages.
1er mars – Fête officielle des îles Baléares.
Mars ou avril – Jeudi et vendredi Saints, Lundi de Pâques.
1er mai – Fête du Travail.
15 août – Assomption.
12 octobre – Fête de l'Hispanité (fête nationale espagnole).
1er novembre – Toussaint.
6 décembre – Jour de la Constitution.
25 décembre – Noël.
26 décembre - Saint Étienne.

LANGUES OFFICIELLES

L'espagnol (castillan) bien entendu et le catalan dans ses dialectes insulaires sont les deux langues officielles de la communauté autonome.

OFFICES DE TOURISME

Sur place il y a des offices de tourisme (voir le chapitre Visiter p. 15) dans la plupart des localités. Avant le départ, vous pouvez consulter les sites suivants :
www.illesbalears.es, site officiel du gouvernement de la communauté, en français.
www.spain.info, site de l'office du tourisme espagnol, moins détaillé, en français également.

POSTE

Les bureaux de poste, **Correos** (Correus en catalan), sont généralement ouverts du lundi au vendredi de 8h30 à 20h30 et le samedi de 9h30 à 13h.
Les timbres *(sellos* ou *sagelles)* sont également en vente dans les bureaux de tabac *(estancs)*. Pour plus de renseignements : www.correos.es.
Oficina de Correos de Palma – Constitució, 6 - ✆ 971 228 610.
Oficina de Correos de Eivissa – Av. Isidor Macabich, 67 - ✆ 971 399 649.

MÉDIAS

Les principaux **quotidiens nationaux** sont *El País, El Mundo* et *ABC,* qui proposent une édition locale. Pour les journaux **locaux**, vous disposez de *El Diario de Mallorca* (en castillan) et du *Diari de Balears* (en catalan).
L'Espagne compte 7 chaînes de télévision nationales auxquelles s'ajoutent des chaînes privées.

SANTÉ

Afin de bénéficier d'une assistance médicale, les Français, les Suisses et les Belges doivent se procurer la **carte européenne d'assurance maladie** qui permet la prise en charge des soins médicaux. Elle s'obtient en 2 ou 3 semaines, sur simple demande auprès de la Caisse primaire d'assurance maladie ou par Internet sur www.ameli.fr, et est valable un an. Elle permet en principe de ne pas faire l'avance sur les frais médicaux.

Pharmacies

Elles sont généralement ouvertes de 9h30 à 13h30 et de 16h30 à 20h (jusqu'à 22h sur la côte). Certaines restent même ouvertes toute la journée. La liste des pharmacies de garde (nuit et w.-end) est toujours affichée en vitrine et publiée dans la presse.

Hôpitaux

Hospital Universitario Son Espases à Palma (Majorque) – Valledemosa, 79 - ✆ 971 205 000. Le principal hôpital de l'archipel.
Hospital Mateu Orfila à Maó (Minorque) – Ronda de Malburguer, 1 (en dir. de l'aéroport) - ✆ 971 487 000.
Hospital Can Misses d'Eivissa (Ibiza) – Corona, 32 - ✆ 971 397 000.
Pour les petits bobos, sachez que chaque localité dispose d'un centre médical, appelé **ambulatorio**.

TABAC

Il est dorénavant interdit, comme en France, de fumer dans tous les lieux publics fermés.

TAXI

On en trouve assez facilement (lumière verte : taxi libre) et la course n'est pas très chère (6-12 €). Il existe un tarif de jour, et un tarif de nuit, week-end et jours fériés.
Palma – **Radio Taxi Ciutat** – ✆ 971 201 212 - www.radiotaxiciutat.com; **Taxi Palma Radio** – ✆ 971 401 001 - www.taxispalmaradio.com.
Radio Taxi Maó – ✆ 971 367 111.
Radio Taxi Ibiza – ✆ 971 398 483 - www.taxi-eivissa.com.
Radio Taxi Sant Antoni – ✆ 971 343 764.
Radio Taxi Formentera – ✆ 971 322 342.

TÉLÉPHONE

Service de renseignements – ✆ 118 22 - www.paginasamarillas.es (pages jaunes) et www.paginasblancas.es (pages blanches).
Pour appeler l'étranger depuis l'Espagne – Composer le 00 suivi de l'indicatif du pays de destination (33 pour la France, 32 pour la Belgique, 41 pour la Suisse et 1 pour le Canada) et du numéro du correspondant (sans le 0 initial pour la France).
Les cabines téléphoniques fonctionnent avec des pièces ou des cartes téléphoniques *(tarjetas telefónicas)* en vente dans les bureaux de poste et dans les *estancs*. Les *locutorios* ou centres d'appel pourront vous être très utiles si vous souhaitez appeler à l'étranger. Communication à un prix raisonnable.

Téléphones portables

Les opérateurs français de téléphonie mobile proposent souvent des formules spéciales pour les appels de l'étranger. Attention, ces appels comptent pour du hors forfait et restent donc très chers; de plus, vous payez aussi lorsque vous êtes appelé. Il peut être plus intéressant d'acheter une carte SIM locale (15 € env.).

TOURISME ET HANDICAP

Les plus grands musées et monuments des îles possèdent

des aménagements conçus pour les personnes à mobilité réduite. Certains hôtels disposent également d'équipements adaptés. Vous en trouverez la liste sur le site **www.minusval2000.com/ocioadaptado/baleares/locales**. Signalons également que certaines municipalités éditent un petit guide consacré au tourisme à l'attention des personnes handicapées.
Plusieurs organismes en France proposent des voyages adaptés aux personnes à mobilité réduite (www.unat.asso.fr/f/org/handicape.html).
En Espagne, la Confédération des handicapés physiques fournit des renseignements sur les installations adaptées : **COCEMFE** (Confederación Española de Personas con Discapacidad Física y Orgánica) – Sor Clara Andreu, 15 - Palma de Mallorca - ✆ 9171 771 229 - www.cocemfe.es et www.coordinadora.info.

TRANSPORTS EN COMMUN

Majorque

TIB (Transportes de les Illes Balears) – ✆ 971 177 777 - www.tib.org. Vous disposez d'un réseau de bus assez dense reliant les principales agglomérations de l'île.
Un **train** à voie étroite relie Palma à **Sóller** (www.trendesoller.com - 4,50 €). La TIB gère également les deux lignes du **métro de Palma** (6h30-23h, billet 1,55 €) et les liaisons ferroviaires entre Palma, **Inca** et **Manacor** depuis la gare de Palma, plaça d'Espanya.

Ibiza

Transports publics d'Ibiza : www.ibizabus.com.
Eivissa est bien desservie par les transports en commun.
Des bus relient régulièrement la capitale aux villes et plages du reste de l'île.
Discobus - www.discobus.es - juin-sept. : 0h-6h30 env. - 1,65/4 € (selon trajet). Ibiza Bus met en service chaque année de juin à septembre une quinzaine de lignes d'autobus nocturnes appartenant à plusieurs compagnies, et reliant les différents sites noctambules de l'île (Port d'Eivissa, Pacha, Amnesia, Sapce, playa d'en Bossa, Privilege, Sant Antoni, es Canar, Santa Eulària...).

Minorque

Transports publics de Minorque – ✆ 971 360 475 - www.tmsa.es. La compagnie relie Maó à Ciutadella ainsi que Alaior, es Mercadal, Ferreries et le sud de l'île.

Toutes les **infos utiles** sur la destination en quelques clics ! Sites touristiques, restaurants, hôtels, trafic, stations essence, parkings, météo : découvrez notre **carte Michelin interactive** en scannant le QR Code ci-dessus.

Agenda culturel

MAJORQUE

Janvier

▶**Fêtes de Sant Sebastià à Palma** – (14-29) Elles commémorent la fin de la peste de 1523-1524. Ces fêtes atteignent leur paroxysme les 19 et 20, avec la veillée et la journée de Sant Sebastià. Feu d'artifice, concerts sur les places, défilé de géants, danses traditionnelles...

▶**Sant Antoni Abad à Alcúdia et à Artà** – (16-17) Fête du saint patron des animaux. À Alcúdia, le 16, le démon danse dans les rues autour des feux de joie. Le 17, des animaux sont bénis devant l'église avant un défilé de chars fleuris. À Artà, les festivités commencent le 16 à 8h, avec un petit-déjeuner composé d'*ensaimadas* et de chocolat. Une fanfare parcourt les rues, accompagnée d'un couple de démons, symboles du mal. Le lendemain, la fête se poursuit par la bénédiction d'animaux domestiques et des courses de chevaux.

Mars-avril

▶**Festa de l'Àngel à Palma** – (le dim. qui suit Pâques) Majorque vit au rythme des processions. À Palma, plusieurs milliers de fidèles partent à pied de la plaça Cort, accompagnés de géants, vers le château de Bellver. Là-haut, la fête se poursuit avec danses et musiques traditionnelles ainsi que la dégustation de spécialités. *Pour ceux que la montée à pied rebuterait, service de bus à partir de la plaça d'Espanya.*

Mai

▶**Marché médiéval d'Ibiza/Mercado Eivissa Medieval** – (2e w.-end de mai) Investissant l'enceinte fortifiée de la ville haute (recinto Amurallado de Dalt Vila), il mérite le détour. Il réunit plus de cent étals et ateliers en plein air, et est animé par des jongleurs et autres artistes de rue, le tout recréant une atmosphère on ne peut plus médiévale.

▶**Marché médiéval à Capdepera** – (3e w.-end) Pour commémorer la fondation de la ville par Jaime II en 1300, Capdepera retrouve une ambiance médiévale. Le marché s'organise dans l'enceinte du château et la ville tout entière se déguise. Un bon moyen pour découvrir les artisans d'antan et écouter des concerts.

▶**Fêtes du Printemps à Palma** – (fin mai-déb. juin) Un événement religieux et culturel, rythmé par la procession du Corpus et des concerts dans les patios de la ville. Visites guidées des patios en espagnol, anglais et allemand sur réservation (✆ 971 720 720).

Juin

▶**Sant Pere, Fête des pécheurs au Port d'Alcúdia** – (autour du 29) Procession maritime sur des barques décorées.

▶**Fira de la Taronja, Fête de l'orange à Sóller** – (1er w.-end) Durant 2 jours, concours de gâteaux et dégustation de fruits frais, jus et cocktails à l'orange. Et pendant 3 semaines, les restaurateurs concoctent des plats où l'orange tient la vedette à des prix attractifs.

Juillet

▶**Sant Jaume à Alcúdia et à Pollença** – (25 et 26 juil. respectivement) Les festivités débutent une semaine avant par des spectacles de danse, des concerts, des représentations théâtrales, des expositions, etc. Tous les trois ans (prochaine édition en 2016), la fête se prolonge le 26 juillet.

Août

▶**Sant Salvador à Artà** – (1re sem.) Représentations théâtrales, danses et chants.

▶**Le Couronnement de la Vierge à Lluc** – (10 août) Commémoration du couronnement de la statue de la Vierge à l'Enfant.

Septembre

▶**Diada de Lluc** – (2e w.-end) Les festivités commencent le samedi soir, avec des concerts et des spectacles de danse, et culminent le dimanche matin à l'aube, avec la Pujada a Lluc de la Part Forana, pèlerinage au monastère.

Octobre

▶**Foire d'Alcúdia** – (1er w.-end) Alcúdia présente tous les éléments de sa culture : danses, musique, chants, peinture, gastronomie... ainsi que des animaux.

Décembre

▶**Festa de l'Estendard à Palma** – (31 déc.) Commémoration de la conquête de Palma par Jaume Ier. Défilé derrière l'étendard d'Aragon de la plaça de Cort jusqu'à la Seu, où est célébrée une messe d'actions de grâce.

MINORQUE

Mars-avril

▶**Matances de Bujots à Ciutadella** – (Dim. de Pâques) Les habitants de Ciutadella pendent des mannequins et leur tirent dessus, une manière ironique de se moquer des personnes impliquées dans des scandales.

Juin

▶**Fête de la Saint-Jean à Ciutadella** – (autour du 24) Le dimanche précédent, les festivités commencent à Ciutadella avec l'arrivée du *fabioler*, incarnation de saint Jean-Baptiste, qui déambule au son des flûtes et des tambourins. Le 24 juin, dès l'aube, le même flûtiste bat le rappel. Après la messe, plus d'une centaine de cavaliers participent aux cavalcades.

Juillet

▶**Festes de Sant Martí et Sant Antoni à es Mercadal** – (3e et 4e sem.) Défilés de *Gegants* et *Capgrossos* (géants et grosses têtes), cavalcades de chevaux aux crinières tressées, accompagnés par le *fabioler* juché sur un âne. *Jaleo* animé par la fanfare et festivités diverses. Des fêtes typiquement minorquines.

▶San Cristobal à Migjorn Gran – (5e w.-end de juill. ou 1er w.-end d'août) Durant 3 jours, les animations emplissent les rues du village dans la plus pure tradition minorquine : spectacles de chevaux, musique et fêtes religieuses.

Août

▶Sant Salvador à Artà – (1re sem.) Le patron d'Artà est célébré par des représentations théâtrales, des danses et des chants.

Septembre

▶Mare de Déu de Gràcia à Maó – (6-9) Maó vit au rythme des *colcades*. Pour être admis à y participer, il faut être invité par l'assemblée des *caixers*. Ceux-ci suivent des cérémonies religieuses et civiles, et défilent à cheval dans la vieille ville. Le 9, les festivités se déroulent au port.

IBIZA

Janvier

▶Sant Antoni Abad à Sant Antoni – (autour du 17) Concerts, concours, spectacles et, le 17, bénédiction des animaux.

Mai

▶Fêtes de mai à Santa Eulària des Rius – (de fin avr. à déb. juin) Concerts, spectacles, danses traditionnelles, compétitions sportives, expositions de fleurs, etc.

▶Eivissa médiévale – (2e w.-end) Un marché médiéval rassemble artisans et artistes, spectacles de danse, exhibitions de lutte, concerts, expositions, etc.

Août

▶Festes de la Terra d'Eivissa – (1re sem.) La ville célèbre la Terre, en souvenir de sa patronne, la Vierge des Neiges (5 août), et de saint Ciriac (8 août). Expositions, concours, processions, spectacles. Le soir du 8 août, les habitants partagent le repas au Puig des Molins.

FORMENTERA

Juillet

▶Virgen del Carmen à sa Sabina et es Pujols – (16 juil.) La patronne de la mer est célébrée à sa Sabina et à es Pujols. Vers 19h, procession maritime.

▶Sant Jaume à Sant Francesc – (25 juil.) La Sant Jaume est prétexte à une semaine de festivités. Danses et chants traditionnels sont à l'honneur, et de multiples concerts sont donnés dans toute l'île.

ÉVÉNEMENTS 2016

Comme tous les trois ans, la **procession du Sant Crist** a lieu à Pollença et à Alcúdia le 26 juillet. À **Pollença**, des jeunes filles habillées de blanc exécutent la « danse des aigles ».

San Cristobal à Migjorn Gran, Minorque.

Pour en savoir plus

Le parc naturel de ses Salines, Formentera.
G. Azumendi / age fotostock

Les îles Baléares en quelques dates

3e millénaire avant J.-C. – Apparition des premiers foyers de population sur les îles.
7e s. av. J.-C. – Colonisation d'Ibiza et de Formentera par les Phéniciens.
123 av. J.-C. – Conquête par les Romains de l'ensemble de l'archipel.
425 – Mise à sac des Baléares par les Vandales, arrivés depuis 406 en péninsule Ibérique.
534 – Conquête par Justinien : les Baléares font partie de l'Empire byzantin.
903 – L'archipel est occupé par le califat de Cordoue.
1013 – Les Baléares sont rattachées au royaume de Taifa de Denia.
1120 – Elles passent sous le contrôle de l'Empire almoravide.
1229 – Les troupes du roi d'Aragon Jaume Ier le Conquérant chassent les musulmans après une bataille sanglante. Les milliers de cadavres non enterrés provoquent une épidémie qui cause de nombreuses pertes aux Aragonais.
1235 – La conquête d'Ibiza par Jaume Ier marque la fin de la domination arabe sur l'île.
1262 – Jaume Ier d'Aragon fait don du Royaume de Majorque, comprenant les Baléares, le Roussillon, la Cerdagne et Montpellier à son fils cadet, Jaume II. La capitale de ce nouvel État est fixée à Perpignan.
1287 – Le 12 janvier, le débarquement à Maó de la flotte d'Alphonse III d'Aragon marque la fin de la domination arabe à Minorque. Les populations musulmanes locales sont vendues sur les marchés d'esclaves. Cette date est depuis lors la fête de Minorque.
1349 – La bataille de Llucmajor où Jaume III de Majorque meurt marque la fin du royaume de Majorque, intégré au royaume d'Aragon.
1708 – Les Anglais s'emparent de Minorque. Leur domination est ratifiée par le traité d'Utrecht (1713).
1802 – Expulsion des Anglais de Minorque.
1931 – Proclamation de la République espagnole. Un statut d'autonomie des Baléares est mis à l'étude.
1936 – Guerre civile. L'archipel est partagé en deux zones : Formentera, Ibiza et Majorque sont contrôlées par les franquistes ; Minorque reste fidèle à la République.
1939 – Bataille de Minorque : les nationalistes prennent le contrôle de l'île.
1983 – Approbation par référendum, le 1er mars, du statut d'autonomie des Baléares. Cette date devient la fête officielle de la Communauté autonome.
2007 – La réforme du statut d'autonomie est approuvée le 1er mars.
2014 – Abdication du roi Juan Carlos Ier. Son fils Felipe VI lui succède sur le trône le 19 juin.

Les ruines romaines de Pollentia.

Fêtes et traditions

Qu'il s'agisse de musique, de danse ou de festivités, la richesse des Baléares puise directement dans les apports des différentes civilisations qui se sont succédé sur l'archipel. Émanation d'une société rurale, la culture populaire des Baléares se manifeste par des contes transmis oralement depuis des siècles, la plupart recueillis et édités par des érudits. Plus spectaculaires, les danses, les défilés et les processions rituelles pleines de couleurs ; Majorque se caractérise par ses danses cérémonieuses et ses chants mélodieux ; Minorque (et en particulier Ciutadella) par une certaine théâtralité et la place accordée au cheval dans les manifestations ; Ibiza, par des danses d'origine très ancienne, qui ont su traverser les siècles sans rien perdre de leur essence.

LA MUSIQUE POPULAIRE

Parmi les chants traditionnels des Baléares, il faut citer le **bolero balear** et la **jota**, avec leurs variantes, les **copeos** et les **maitexes**. À Minorque, on apprécie les **fandangos minorquins** et à Ibiza, les typiques **sa curta** et **sa llarga**. Il est à noter que ces genres musicaux ont été modernisés depuis les années 1960 par des artistes comme **Maria del Mar Bonet**, ou **Música Nostra** qui ont su les adapter, sans pour autant les trahir.

Ces musiques sont jouées sur des instruments traditionnels confectionnés à partir d'une matière première autochtone : ainsi, les *castanyoles* fabriquées avec du bois de genévrier, les tambours dont la caisse se doit d'être en pin, la *flauta* confectionnée avec une branche de laurier-rose, et l'emblématique *xeremia*. Il est impossible d'imaginer une fête sans un *xeremier* toujours flanqué d'un *flabioler* qui joue de sa petite flûte *(flabiol)* à l'aide de la main gauche, tandis que la droite marque le rythme sur un petit tambourin, attaché par une lanière entre son pouce et son index.
D'une façon générale, ces musiques sont marquées par la prédominance des percussions et accompagnées de chants dont les strophes sont souvent prolongées par une sorte de « bégaiement » syllabique.

LES DANSES

La danse la plus représentative des Baléares est sans doute le « *ball dels cossiers* » où les danseurs vêtus d'une jupe, de chapeaux à rubans et à fleurs, dansent en cercle autour d'une femme. À Ibiza et à Formentera, on citera le *ball pagès* effectué devant les églises les jours de fête patronale au son des castagnettes, de la *flauta* et du tambourin. Les hommes dansent en faisant des bonds autour des femmes qui forment des cercles, les mains posées sur la taille.

Les danseurs du « ball dels cossiers » en costume.

Architecture

Aujourd'hui, les îles Baléares sont avant tout associées au tourisme balnéaire. Pour autant, il suffit de quitter la plage, pour découvrir nombre de trésors d'architecture. Car le patrimoine artistique des îles s'est enrichi au fil des siècles.
Les plus anciens vestiges architecturaux de quelque importance remontent à la **culture talayotique**, qui s'est développée à Majorque et surtout à Minorque entre 1300 av. J.-C. et l'arrivée des Romains, en 123 av. J.-C. Cette culture doit son nom aux **« talayots »**, grands cônes de pierre mesurant jusqu'à 30 m de diamètre. Il semble qu'ils aient pu renfermer une chambre funéraire et servir de base à une habitation en bois, encore que les archéologues pensent aujourd'hui qu'il s'agissait peut-être de lieux de réunion des différentes communautés. On en dénombre plus de 200. On a également retrouvé des **« taulas »**, sortes de tables formées de deux grandes dalles disposées en T, qui faisaient sans doute office d'autels. Elles sont le plus souvent situées au centre d'une enceinte en forme de fer à cheval, emplacement probable du sanctuaire.

Tolo Balaguer / age fotostock

Can Casasayas à Palma, Majorque.

HÉRITAGE ROMAIN

L'archipel a conservé plusieurs vestiges architecturaux témoignant de la présence romaine. Les plus spectaculaires se trouvent à proximité d'Alcúdia, avec **Pollentia** *(voir p. 50)* où les Romains établirent leur capitale. Bien que l'existence et la localisation de la cité soient connues depuis très longtemps, le site n'a véritablement commencé à être fouillé qu'à partir du milieu du 20e s.

Comme il est de tradition dans l'urbanisme romain, la cité avait pour cœur un théâtre, vaste hémicycle qui pouvait accueillir 1500 spectateurs, et dont on aperçoit les gradins, l'orchestre et la scène.

Dans les environs, on découvre également une nécropole. Et les amateurs d'Antiquité se doivent absolument de visiter le **Musée monographique de Pollentia**, situé à Alcudia, où sont exposés les sculptures et objets découverts lors des fouilles archéologiques.

EMPREINTES ARABES

Il reste quelques traces architecturales du long séjour des Arabes au Baléares. Les **bains arabes de Palma** *(voir p. 29)*, construits entre le 10e et le 12e s., en sont l'exemple le plus abouti : il s'agit d'une salle carrée coiffée d'une coupole soutenue par des colonnes. Selon les historiens, il s'agissait d'une dépendance d'un palais aujourd'hui disparu. La partie qui est parvenue jusqu'à nous serait celle des bains chauds, d'où ce sol double permettant à l'eau chaude et à la vapeur de circuler.

On estime également que le **palais de la Almudaina** trouve son origine à l'époque de la domination arabe, puisqu'il a été remodelé après la Reconquête par les rois de Majorque sur les restes de l'ancien alcazar.

C'est également à Majorque que se trouvent les ruines de la **forteresse d'Alaró**. Ce château d'époque musulmane ne peut malheureusement pas être visité, car il s'agit d'une propriété privée.

BALÉARES GOTHIQUES

Le gothique est le style qui prédomine aux Baléares – en particulier à Majorque – où l'art roman est pratiquement absent car lors de la Reconquête par les Chrétiens (1229), son déclin était déjà largement amorcé. Seuls quelques éléments archaïsants subsistent dans les églises dont la construction fut commencée juste après le départ des Arabes (portail de la chapelle Santa Anna du palais de la Almudaina, cathédrale de Palma, etc.).

Le style gothique des Baléares, comme celui de Catalogne ou du pays Valencien, se place dans la lignée du gothique méditerranéen, qui diffère du gothique castillan ou européen. Sa principale originalité tient dans l'organisation de l'espace : loin de partager l'aspiration à l'élévation de leurs confrères du Nord, les bâtisseurs s'attachent à créer des espaces empreints de légèreté et d'amplitude.

Un des exemples les plus remarquables est la majestueuse **cathédrale de Palma** *(voir p. 23)*, une des plus belles et des plus imposantes de tout le territoire espagnol. Ce sanctuaire, que l'on commença à élever sur les rives de la baie de Palma en 1229, est le principal édifice religieux de l'archipel.
Dans le domaine de l'architecture civile, il faut citer la **Llotja de Palma** *(voir p. 33)*, ainsi que le **Castell de Bellver** *(voir p. 34)*, au plan circulaire singulier.

LE MODERNISME

La bourgeoisie de Majorque et de Minorque fit appel, au début du 20e s., à des bâtisseurs inspirés par le succès du modernisme catalan et qui s'illustrèrent à Palma, Sóller et Ciutadella. Parmi les grands noms qui contribuèrent à développer ce style dans les îles, il faut citer Antoni Gaudí qui débarrassa la cathédrale de Palma de multiples ajouts baroques, **Lluís Domènech i Montaner**, auteur du Gran Hotel de Palma, et surtout **Jaume Rubio i Bellver** (1870-1952), proche disciple de Gaudí, auteur de plusieurs édifices à Sóller (la banque, la cathédrale et, probablement, Can Prunera). Citons également, parmi les locaux, **Lluís Forteza-Rei** (1883-1920) qui dessina à Palma la spectaculaire demeure qui porte son nom à la façade décorée de céramiques polychromes, et **Gaspar Bennazar Moner** (1869-1933) qui, outre son activité d'architecte, donna à Palma son visage actuel en dirigeant pendant trente ans l'urbanisme de la cité.

L'ARCHITECTURE CONTEMPORAINE

Force est de reconnaître que, malgré la frénésie de construction induite par le développement du tourisme, rares sont les immeubles suscitant un intérêt architectural. Excepté quelques villas privées qui, par définition ne se visitent pas... et ne se voient pas non plus, et si l'on excepte également le musée Joan Miró de Palma (dû à **Rafael Moneo** et, pour l'atelier, à **Josep Lluís Sert** - 1902-1983). On n'en regrettera que plus l'abandon du projet d'opéra de la Badia, dessiné en 2007 par l'architecte valencien **Santiago Calatrava**, et qui supposait un réaménagement complet, du port de Palma. Malheureusement, les changements de majorité politique, et quelques ennuis judiciaires des précédents responsables, ont entraîné le naufrage de ce fabuleux opéra flottant...

ARCHITECTURES TRADITIONNELLES

Patios majorquins

À Palma, les tout premiers patios apparaissent au 13e s. Aux 15e et 16e s., les grandes familles s'installent dans d'élégantes demeures dont les façades en pierre de taille sont égayées de fenêtres à décoration Renaissance. L'ordonnance du patio, originalité des maisons majorquines, n'a été fixée qu'au 18e s. : de solides colonnes en marbre supportent les grands arcs surbaissés, tandis qu'un

Le patio de Can Dameto, Palma, Majorque.

escalier conduit à une haute loggia. Les balustrades en pierre ou en fer forgé habillent l'ensemble.
Au 19e s., de somptueuses villas d'été voient également le jour dans la montagne au nord de Palma.

La maison minorquine

Les maisons frappent par leur blancheur : la chaux recouvre jusqu'aux toits de tuiles et les dessus des murets. Les tuiles sont utilisées pour la confection des cheminées et des gouttières. La façade principale, orientée au sud, s'ouvre largement par des arches, tandis que la façade septentrionale, exposée à la tramontane, n'est percée que de toutes petites ouvertures.
L'influence anglaise se manifeste dans l'architecture urbaine par la présence de fenêtres à guillotine, mais aussi dans certaines grandes maisons seigneuriales de style palladien.
Près de Ciutadella, les champs sont parsemés de curieux édifices en pierre dont la forme rappelle les *ziggourats* (pyramides à degrés des anciens Babyloniens) : ce sont les *barracas,* dont l'intérieur couvert d'une fausse voûte servait de refuge aux bergers.

Ibiza

La maison rurale traditionnelle de l'île a exercé une certaine influence sur les architectes contemporains, en raison de sa structure modulaire qui permet de l'agrandir en fonction des nécessités. C'est le cas de l'architecte fonctionnaliste **Josep Lluís Sert**, qui s'en est inspiré pour édifier un ensemble de maisons, Can Pep Simó à Santa Eulària des Rius, aujourd'hui classé bien d'intérêt culturel.
Cette maison est composée de plusieurs cubes blancs – chacun constituant une pièce – dotés de peu d'ouvertures, de murs de presqu'un mètre d'épaisseur, et d'une façade orientée au sud pour profiter de la chaleur en hiver, et se protéger du soleil en été. Les toits terrasses permettent de recueillir l'eau de pluie.
Les églises rurales ont elles aussi adopté cette sobriété de lignes. D'une blancheur éblouissante, elles présentent une façade rectangulaire que coiffe un étroit clocher et que précède un porche couvert. Ces églises fortifiées (Sant Carles, Sant Miquel, Sant Joan, Sant Jordi et Puig de Missa) servaient de refuges à la population lors des incursions de pirates.

Gastronomie

La cuisine des Baléares trouve ses bases historiques dans les produits locaux, c'est-à-dire ceux provenant de la pêche, et ceux qui sont issus d'un terroir aussi riche que varié. Cependant, au fil du temps, la gastronomie traditionnelle de l'archipel a évolué, et celle qui est actuellement proposée doit beaucoup aux traditions culinaires catalane et valencienne. Il s'agit donc d'une cuisine à base de produits méditerranéens.
À ces références logiques s'en ajoutent d'autres qui découlent des événements historiques : c'est ainsi que les occupations française et anglaise ont laissé leurs marques sur la tradition culinaire locale.
De ces métissages résulte une gastronomie qui s'affirme comme une des plus variées, originales et savoureuses du territoire espagnol. Bref, ce ne sont pas moins de 600 recettes qui ont pu être recueillies, un exploit si l'on songe à la taille réduite des lieux.

LES PRODUITS DU TERROIR

On l'aura deviné, l'ingrédient de base de la cuisine locale est l'huile d'olive. Outre les **poissons** et les **crustacés** souvent grillés à la plancha, dont les visiteurs comme les insulaires font ample consommation, l'archipel propose de nombreux légumes et divers types de charcuteries, parmi lesquelles se détache la soubressade **(sobrasada)**, le boudin **(butifarre)** et une saucisse particulière de forme ovale, le **camaiot**.

SPÉCIALITÉS

Il existe une étonnante variété de soupes, traditionnellement appréciées à Majorque, où on les enrichit d'ingrédients variés (pâtes, poisson, viande – le plus souvent de porc, ou **porcella**). À Minorque, on déguste depuis des siècles la typique **oliagua**. Comme tous les plats anciens, il s'agit là d'un plat de pauvres rappelant les temps où le menu était imposé par la saison. Ses ingrédients de base sont l'huile, la tomate et l'ail, auxquels s'ajoutent divers produits (poivrons, oignons), selon la région et l'inspiration du moment.
Le **tumbet** est un des plats traditionnels s'agit d'une couche de pommes de terre disposée sous une couche d'aubergines, le tout couvert de sauce à la tomate et aux poivrons. Le *tumbet* est un plat en lui-même, mais on le sert parfois en accompagnement de plats très divers, allant de l'échine de porc aux poissons.
En ce qui concerne la viande, vous trouverez de nombreux plats élaborés à base de *porcella*. Parmi ceux-ci se détache le **rostit**, porc cuit au four et farci d'une préparation à base de foie, d'œufs, de pain, de pommes et de prunes. Le **sofrit pagès** est un plat paysan à base de

Sur le pouce

Variante majorquine du pan amb tomaquèt catalan, le ***pan amb oli*** *(parfois écrit* ***panamabolí,*** *littéralement : pain à l'huile) est confectionné avec une tomate locale, la tomàtiga de Ramello. Accompagné de toutes sortes d'ingrédients, cela constitue un repas de choix, économique qui plus est.*

viandes diverses (agneau, poulet, charcuteries), de pommes de terre, d'oignons et de poivrons. Parmi d'autres recettes qui témoignent du degré de sophistication de la cuisine des Baléares, citons également le poulet farci à la grenade, la poitrine de dinde à la sauce aux amandes, et le pigeon accompagné d'une sauce aux châtaignes. Signalons également la célèbre **caldereta de langosta** (sorte de bouillabaisse aux langoustes), spécialité de Minorque, où la langouste est accompagnée de poivrons, oignons et tomates.
Spécialité estivale, la **coca de Trempó** est une galette farcie de ratatouille.
Enfin, les gourmands doivent absolument goûter à l'**ensaimada**, pâtisserie majorquine par excellence, connue depuis le 17e s. L'ensaimada, qui doit son nom au saindoux entrant dans sa composition *(saim)*, est le plus souvent proposée *lisa*, c'est-à-dire simplement recouverte de sucre glace. Mais il existe d'autres versions plus élaborées comme l'**ensaimada amb cabelles d'àngels** (aux cheveux d'ange) constituées de filaments de chair de courge.
Le produit phare de Minorque est le **queso mahonés**, fromage connu depuis des temps immémoriaux, comme l'atteste la découverte de pièces de céramique vieilles de quelque cinquante millénaires et qui semblent bien avoir servi à l'élaborer. Les Grecs et les Carthaginois, dit-on, consommaient et appréciaient ces fromages, et les Arabes ne juraient que par lui, si l'on en croit un texte du 10e s. Protégé depuis 1985 par une Appellation d'origine contrôlée, il porte le nom officiel de **queso de Maó-Menorca**. Produit autour du village d'Alaior, il est élaboré à partir de lait de vache caillé à très basse température, puis « vieilli » selon une tradition ancestrale qui se transmet de père en fils.
D'origine arabe, le **cuscussó** est un dessert de Noël à base d'amandes, de sucre et de miel (entre autres), qui peut également être utilisé pour farcir les viandes.
Enfin, les Minorquins l'affirment avec fierté : la célèbre **mayonnaise** doit son nom à Maó où, durant la brève occupation française de 1756, un cuisinier aurait inventé cette sauce avec les moyens du bord : de l'huile et des œufs. Selon une autre version, le général Richelieu et son état-major goûtèrent au traditionnel **ali-oli**, (souvent présenté comme amuse-gueule dans les restaurants), mais le firent adapter au goût français en faisant enlever l'ail... Dans la réalité, rien n'est moins certain et bien d'autres lieux revendiquent la paternité de la célèbre sauce...

Ensaïmadas

Paysages

Plages, calanques (les **calas**) et eaux cristallines : c'est bien entendu la première image qui vient à l'esprit lorsque l'on pense aux paysages des Baléares. Pour autant, une fois sur place, on se rend compte que la réalité est beaucoup moins réductrice. Espèces autochtones, parcs naturels, espaces protégés plantés d'oliviers, de pins et d'amandiers... On rencontre tout cela, et bien d'autres choses encore, lors d'une promenade dans ces îles de rêve.
L'archipel comprend quatre îles principales et de multiples îlots. On le divise traditionnellement en deux groupes : les îles Gymnésies (Majorque, et Minorque) et les îles Pityuses (Ibiza et Formentera).

MAJORQUE

Majorque est, et de loin, la plus grande des quatre îles qui composent l'archipel, avec une superficie de 3640 km², supérieure à celle des trois autres îles réunies. L'île possède 623 km de côtes, et la distance maximale du nord au sud est de 78 km ; d'est en ouest, on compte jusqu'à 96 km.
Par son relief, Majorque se divise en trois zones. À l'ouest, la **serra de Tramuntana** *(p. 42 et 116)* élève des crêtes calcaires parallèlement à la côte, hérissée par les pics **de Massanella** (1064 m), **Puig des Teix** (1064 m) ou **Galatzó** (1027 m, *p. 40*) et culminant au **Puig Major** (1445 m, *p. 46*). Malgré des altitudes relativement modestes, cette montagne constitue une importante barrière rocheuse qui plonge directement dans la mer, formant ce que l'on appelle la « Côte rocheuse ». Sur ses versants poussent des pins, des genévriers et des chênes verts qui cèdent parfois la place à ces oliviers au tronc noueux et torturé caractéristiques du paysage majorquin. Les villages, accrochés à mi-pente, entretiennent sur d'acrobatiques terrasses des plantations de primeurs et d'arbres fruitiers.
À l'est, la **serra du Levant**, sculptée par l'érosion, dévoile de magnifiques grottes où abondent les concrétions. Là, des côtes rocheuses et découpées abritent de nombreuses calanques tapissées de sable fin. Dans la plaine centrale, **es Pla** (c'est-à-dire tout simplement « la plaine »), on cultive des céréales, des figuiers et des amandiers. Pompant l'eau toujours rare, des éoliennes entourent de gros bourgs agricoles qui observent le plan régulier des bastides du Moyen Âge.
Au sud-est, l'**archipel de Cabrera** *(p. 117)* est constitué d'une quinzaine d'îlots calcaires, prolongement dans la mer de la Serra du Levant. Ce Parc national maritime et terrestre (100 km² dont 13 immergés), possède une richesse sous-marine inouïe, et une végétation traditionnelle de garrigue où l'on peut observer de nombreux oiseaux.

J. Ferré Gicquel / age fotostock

Paysage de Minorque.

MINORQUE

La seconde île, Minorque, est nettement moins étendue puisque sa superficie n'est que de 702 km^2, et qu'elle ne mesure que 53 km d'est en ouest sur seulement 23 km du nord au sud.

Par son origine géographique et son relief, Minorque se partage en deux zones distinctes.

Au nord, dans la partie appelée **Tramuntana**, affleurent les roches sombres (ardoise) du primaire et du secondaire. Ces vieux reliefs bien érodés, qui évoquent parfois l'Irlande, plongent dans la mer où ils forment des *rías* très ramifiées ou de profondes calanques. On y trouve le sommet le plus élevé de l'île, le **monte Toro** (358 m, *p. 76*).

Au sud de la ligne Maó-Ciutadella, la plate-forme calcaire du Migjorn, aux belles roches claires, aboutit sur la mer en formant de hautes falaises entrecoupées de criques.

La végétation est typiquement méditerranéenne : pinèdes et oliviers sauvages, dont les silhouettes tourmentées montrent les effets du vent du nord, voisinent avec les buissons de lentisque, romarin, bruyère, camomille et thym.

D'innombrables murs de pierre, interrompus par de curieuses barrières réalisées avec les branches tordues des oliviers, scindent les paysages de l'île.

IBIZA, « L'ÎLE DES PINS »

L'île des Pins, comme l'avaient baptisée les Grecs, est la 3e île en superficie avec ses 570 km². C'est une île massive, de relief confus, où les collines calcaires (la colline de **sa Talaia** avec ses 475 m est le point culminant de l'île) laissent un peu de place à de riches plaines cultivables. Pins et genévriers couvrent les versants où s'accrochent les maisons cubiques et de nombreux hameaux. La côte apparaît souvent sauvage et découpée, bordée de hautes falaises. Aux avant-postes pointent des rochers isolés, tel l'étonnant **es Vedrà★** *(p. 93)*, dent calcaire s'élevant à près de 400 m.

FORMENTERA

Avec 81 km² de superficie, Formentera est la plus petite des « grandes îles » Baléares. La partie ouest regroupe le chef-lieu, Sant Francesc de Formentera, le port d'embarquement, sa Savina, les salines et le cap de Barbaria. C'est une plaine ouverte et sèche plantée de céréales, de figuiers, dont certains aux formes surprenantes, d'amandiers et de quelques vignes. Dans la partie est, le promontoire de **la Mola** *(p. 97)*, couvert de pins d'espèce naine, fait figure de montagne avec ses 192 m d'altitude. Falaises rocheuses et dunes piquetées d'arbustes s'alternent le long des côtes.

La très faible urbanisation a fait de Formentera un véritable conservatoire naturel marqué par des marais côtiers.

Le **Parc naturel de ses Salines** *(p. 93)* (classé par l'Unesco au patrimoine de l'humanité) qui recouvre, à la fois une partie du sud de l'île d'Ibiza et le nord de l'île de Formentera, constitue une des grandes richesses de la biodiversité méditerranéenne. Sur 2830 ha terrestres et 13000 ha de fonds marins, il est composé de marais salants, de dunes, de falaises et de plages. Vous pourrez y découvrir plus de 200 espèces d'oiseaux, tel le héron ou le flamant rose et, dans la mer, une véritable « forêt » de posidonies.

À quelques encablures au large en direction d'Ibiza, l'île d'**Espalmador** *(p. 97)*, privé et inhabité, est le paradis des naturistes.

Es Vedrà et es Vedranell, Ibiza

Illustres insulaires

Ramon Llull (1235-1315) représente l'esprit cosmopolite qui règne à Majorque au 13e s. Ancien libertin, ce grand humaniste apprend les langues orientales et devient un philosophe, théologien et alchimiste reconnu. Voyageur infatigable et défenseur du christianisme, il est aujourd'hui considéré comme le père fondateur de la littérature catalane.

Originaire de Petra, le **frère Junípero Serra** (1713-1783) part évangéliser la Californie et y fonde plusieurs missions, qui deviendront plus tard San Francisco et San Diego. Il est béatifié en 1988.

Beaucoup plus près de nous, Majorque a vu naître deux écrivains importants : **Baltasar Porcel** (1937-2009), chantre de la sensualité méditerranéenne, et **Carme Riera** (née en 1948), essayiste et romancière, qui a été élue en avril 2012 à l'Académie espagnole. Une des grandes dames de la « nova canço » (chanson) catalane qui contribua, à la fin de la dictature franquiste, à relancer l'usage de la langue régionale, **Maria del Mar Bonet** (née en 1947), est elle aussi majorquine.

Dans un autre genre, le plus grand tennisman sur terre battue de l'histoire, neuf fois vainqueur à Roland-Garros, **Rafael Nadal** est né à Manacor (Majorque) en 1986.

DES VISITEURS PRESTIGIEUX

Au 19e s., Majorque accueille écrivains, poètes et savants étrangers. En 1833, **Frédéric Chopin** et **George Sand** viennent passer l'hiver à la chartreuse de Valldemossa *(voir p. 41)*.

L'archiduc d'Autriche **Louis Salvator de Habsbourg-Lorraine** (1847-1915), fils du grand-duc de Toscane, passe le plus clair de son temps sur la côte rocheuse ; on doit à cet érudit excentrique l'étude la plus complète rédigée sur les Baléares.

Le spéléologue **Édouard Alfred Martel** est, en 1896, l'hôte de ce mécène.

Depuis lors, le succès des îles ne se dément pas : l'écrivain anglais **Robert Graves** bâtit une maison à Deià, et y reçoit artistes (Ava Gardner) et écrivains. La famille royale espagnole passe ses étés à Majorque, et les résidents illustres ne manquent pas, même s'ils appartiennent aujourd'hui plus au monde du show-biz et du cinéma qu'à celui des lettres : Michael Douglas, Annie Lennox, Claudia Schiffer, Julian Lennon et bien d'autres sont des habitués des lieux.

LES ÎLES AU CINÉMA

Une bonne partie des films tournés aux Baléares ne méritent pas de passer à la postérité. Deux exceptions, toutefois : *Le Bourreau* de **Luis G. Berlanga** (1963), avec Nino Manfredi, un petit chef-d'œuvre d'humour noir, et *More* de **Barbet Schroeder** (1969), qui, musique de **Pink Floyd** aidant, contribua à lancer la mode hippie à Ibiza.

Artisanat

L'artisanat des Baléares est connu pour sa qualité comme pour sa variété. Il s'exerce notamment dans le domaine alimentaire (miel, charcuterie, sels aromatisés), la céramique et la poterie (en particulier avec les fameux **xiurells**, ces sifflets de terre cuite jadis utilisés par les bergers), le travail du bois (d'olivier, notamment), le tissage (avec les **teles de lengües** très colorées et au dessin emblématique, dont quelques ateliers perpétuent la tradition) ou encore la bijouterie. Cette richesse a entraîné la création de « routes artisanales » comme la **Ruta del Fang** *(p. 36)* (littéralement : « route de la boue »), aux portes de Palma, qui permet de découvrir plusieurs ateliers de potiers dans les villages de la municipalité de Marratxí, sur la route de Muro.

CUIR ET « AVARCAS »

Aux Baléares (que ce soit à Majorque ou à Minorque), le travail du cuir est l'héritier d'une longue tradition, même si la fabrication artisanale a tendance ces dernières années à céder le pas à des procédés plus industriels. La maroquinerie de Muro, notamment, est renommée.
Dans un genre différent, il convient de signaler l'*avarca*, la chaussure traditionnelle de Minorque, portée autrefois par les bergers et les paysans. Elle se compose d'une semelle en caoutchouc, d'une empeigne et d'une lanière en cuir. Les décorations, beaucoup plus diverses qu'à l'origine, varient selon la saison et les créateurs. Les véritables *avarcas* minorquines sont fabriquées à es Mercadal, Ferreries ou Ciutadella.

LES PERLES DE MAJORQUE

On trouve un peu partout sur l'île ces « perles de Majorque », réputées pour leur qualité et qui ont atteint une renommée quasiment universelle. Il s'agit de perles artificielles confectionnées traditionnellement à Manacor depuis la fin du 19e s. Elles sont réalisées à partir de billes de verre trempées dans des bains de nacre. Plusieurs entreprises (la plus connue étant majorquine) contribuent aujourd'hui à cette véritable industrie, devenue un des moteurs économiques de l'île.

LA MODE ADLIB

Inspirée par les vêtements féminins traditionnels d'Ibiza, cette mode se caractérise par l'emploi de tissus naturels, la prédominance de la couleur blanche et les broderies et dentelles qui puisent elle aussi leur source dans la tradition. Elle fut créée en 1971 sous l'impulsion d'une princesse yougoslave, Smilja Mahailovitch, et est devenue depuis lors le symbole d'une certaine façon de vivre, aussi libre qu'informelle...

Art des Baléares

Palma vit sa période la plus faste après la conquête des Baléares par Jaume le Conquérant. La ville est alors en relation constante avec Barcelone, Valence, les pays africains et l'Europe du Nord. Une communauté juive s'y installe, de même que les Génois qui y possèdent leur Bourse particulière. On entreprend la construction d'églises, et on y crée une prestigieuse école de cartographie. Enfin, l'expansion aragonaise vers Naples et la Sicile lui permet d'étendre sa zone d'influence.

LES PRIMITIFS MAJORQUINS

La peinture gothique majorquine, caractérisée par la douceur des visages, traduit des influences extérieures. Le **maître des Privilèges** montre au 14e s. un goût très siennois pour la miniature et les chauds coloris. Peu après, la peinture catalane inspire **Joan Daurer**, puis le talentueux **maître de l'évêque Galiana**. La fin du siècle voit s'affirmer **Francesc Comes**, reconnaissable au dessin de ses bouches charnues et closes.

Le 15e s. révèle des artistes formés à Valence : **Gabriel Moger**, le suave **Miguel de Alcanyis** et **Marti Torner**. Le **maître des Prédelles** se distingue par son dessin très minutieux et **Rafael Moger** par son réalisme. Enfin, deux maîtres d'origine étrangère, **Pere Nisart** et **Alonso de Sedano**, introduisent à Majorque le style flamand, qui va prédominer au 16e s.

ART MODERNE ET CONTEMPORAIN

Outre quelques peintres locaux dotés d'un beau talent, tel **Dionis Bennassar**, les Baléares s'enorgueillissent d'être la patrie de deux artistes majeurs.

Joan Miró (1893-1983), majorquin par sa mère née à Sóller, passa dans l'île les étés de son enfance, avant de s'installer en 1954 dans un atelier conçu par Josep Lluis Sert. Il vécut à Majorque une période d'intense créativité, jusqu'à sa mort (survenue à Palma). On ne peut que regretter que son offre de dessiner des vitraux pour la cathédrale de Palma ait été refusée.

Autre maître espagnol, **Miquel Barceló** est né à Felanitx en 1957. Cet artiste qui a connu très tôt la gloire internationale fut d'abord un tenant de l'Art brut, découvert auprès de Dubuffet. Il s'impliqua avec son « groupe conceptuel », le *Taller Llunàtic*, contre les projets immobiliers qui menaçaient de défigurer les côtes des Baléares. Il se rendit célèbre en intégrant des éléments organiques dans ses toiles, avant d'éprouver une véritable fascination pour l'Afrique et le pays des Dogons. Après avoir parcouru tous les champs artistiques, il s'est vu confier la décoration d'une chapelle de la cathédrale de Palma de Mallorca, œuvre à laquelle il a consacré six années, jusqu'à son inauguration en 2007.

La chapelle de Miquel Barceló dans la cathédrale de Palma de Majorque.

A

B

C

D

E

F

G

R

S

T

V

X

Collection Le Guide Vert sous la responsabilité de Philippe Orain

Édition	Anne Duquénoy, Matilde Miñon-Marquina
Rédaction	Célia Bénisty, Françoise Chaffin, Anne Duquénoy, Xavier Espinet, Arnaud Goumand, Lisa Diez Gracia, Chloé Hoorman, Guylaine Idoux, Sarah Larrue, Mélanie Lemaire, Hervé Kerros, Pierre Plantier, Marie-Pascale Rauzier, Claire Rideau
Cartographie	Thierry Lemasson, Géraldine Deplante, Denis Rasse, Isabelle Delouvy
Relecture	Hervé Milon
Remerciements	Didier Broussard (Studio), Maria Gaspar (iconographie)
Conception graphique	Laurent Muller (couverture et maquette intérieure)
Régie publicitaire et partenariats	business-solutions@tp.michelin.com *Le contenu des pages de publicité insérées dans ce guide n'engage que la responsabilité des annonceurs.*
QR Codes	QR Code est une marque déposée de Denso Wave Incorporated.
Contacts	Michelin Guides Touristiques 27 cours de l'Île Seguin, 92105 Boulogne-Billancourt Cedex Service consommateurs : tourisme@tp.michelin.com Boutique en ligne : www.michelin-boutique.com

Parution 2015

Crédits photographiques p. 4-5
(de gauche à droite et de haut en bas)

B. Gardel / hemis.fr / Cathédrale Santa Maria de Palma
J. Fuste Raga / Bridge / Photononstop / Vue de la côte Rocheuse.
H. Leue / Photononstop / île de Majorque, les grottes del Drach.
J. Gardel / hemis.fr / Eivissa
J. Fuste Raga / Prisma / age fotostock / La route de sa Calobra.
SIME / Schmid Reinhard / Sime / Photononstop / Phare du cap de Favaritx.
M. Molina / age fotostock / Monastère de Saint Salvador.
K. Kozlowski / age fotostock / Le Port de Mao.
J. Arnold / hemis.fr / Ibiza, la vieille ville.
R. Soberka / hemis.fr / Île de Majorque, les grottes d'Arta.

Michelin Travel Partner
Société par actions simplifiées au capital de 11 288 880 EUR
27 Cours de l'Ile Seguin - 92100 Boulogne-Billancourt (France)
R.C.S. Nanterre 433 677 721

Dépôt légal : 01-2015 – ISSN 0293-9436
Compograveur : Michelin Travel Partner, Boulogne-Billancourt
Imprimeur : Geers Offset, Gent (Belgique)
Imprimé en Belgique : 12-2014

Usine certifiée 14001
Sur du papier issu de forêts gérées durablement (100 % PEFC)

Écrivez-nous